U0104609

# 法藏知津

## 二編：佛教思想研究專輯

杜潔祥 主編

第 3 冊

道生頓悟說之理論基礎與義理內容

陳松柏 著

花木蘭文化出版社

國家圖書館出版品預行編目資料

道生頓悟說之理論基礎與義理內容／陳松柏 著 — 初版 — 新
北市：花木蘭文化出版社，2015〔民 104〕
目 2+158 面；19×26 公分
（法藏知津二編：佛教思想研究專輯　第 3 冊）
ISBN：978-986-254-692-5（精裝）
1.（南北朝）竺道生　2.學術思想　3.佛教哲學　4.大乘論
030.8　　　　　　　　　　　　　　　　　100016219

ISBN-978-986-254-692-5

法藏知津二編：佛教思想研究專輯
第 三 冊　　　　　　　　　　ISBN：978-986-254-692-5

## 道生頓悟說之理論基礎與義理內容

作　　者　陳松柏
主　　編　杜潔祥
副總編輯　楊嘉樂
編　　輯　許郁翎
出　　版　花木蘭文化出版社
社　　長　高小娟
聯絡地址　235 新北市中和區中安街七二號十三樓
　　　　　電話：02-2923-1455／傳眞：02-2923-1452
網　　址　http://www.huamulan.tw 信箱 hml 810518@gmail.com
印　　刷　普羅文化出版廣告事業
初　　版　2015 年 5 月
定　　價　二編 24 冊（精裝）新台幣 40,000 元
版權所有‧請勿翻印

# 道生頓悟說之理論基礎與義理內容

陳松柏　著

## 作者簡介

陳松柏，台灣台中人，高師大國文碩士，東海大學哲學博士。曾先後任教高雄市三民國中、台中市成功國中、東海大學社會系，現職南開科技大學資訊管理系專任副教授。本文關於道生思想之處理，原係作者碩士時期關注的佛教哲學論題；但以最近十年發表之論文觀之，學術領域則主要聚焦於中國的魏晉玄學、明清思想以及歐陸的康德與海德格哲學。未來的研究方向，將會偏重在結合現前的授課內容，以「生死學」、「文學鑑賞」和「資訊素養」的相關文創思維為主軸。

## 提　　要

（一）提要前言

筆者 1986 年高師大國文碩士班期間，因讀書與住家的地緣之便，得以親近於太平華雨精舍印順導師，復以指導教授熊琬博士的積極協助，獲得了許多撰寫與蒐整魏晉隋唐佛學思想的有益資源。之後，在 1987 年開始進行學位論文的實際進度時，原本是接受印順導師的建議，選擇中國華嚴三祖賢首法藏的如來藏思想，為撰寫的主題。然而，在實際推勘華嚴如來藏思想的形成脈絡時，卻意外地發現，格義佛學時代的道生，其實才是盛唐教下三家本體理論的真正啟蒙者。所以，在 1988 年初，雖然國內外論述文獻以及原典資料都極度不足的情況底下，筆者仍獲指導教授的全力臂助，可以用一步一印的方式，聚焦於道生頓悟思想，努力還原並重整竺道生頓悟思想的應有論點。筆者記憶猶深的是，當時正好也是台灣與大陸學界，開始有學術會議交流的起飛階段。相對於中國大陸正有巨量之地下出土文物的不斷被發現，原本記載道生思想的原典文獻，彷彿也已點燃了許多即將重新改寫的可能性與興奮期待。然而、意外的是，彈指廿餘年都已倏忽經過，可供更進一步深化、詳瞻頓悟思想的道生原典，竟爾紋風不動，依然冰藏在當年筆者從藏經中所擷拾的不完整片段原典之中。最近幾次參加兩岸佛學會議，筆者仍依然關注國內外學界研究道生思想的現況，截至 2013 年為止，兩岸學人研究道生思想的學術態度，筆者發現甚至經常僅是旁觀性質看待之，而絕少以道生思想為研究的主體。

姑不論將來如何，縱然現有客觀學術條件，變異性不大。但平心以論，廿幾年來，筆者隨著教學授課、學術研究的雙向加持，對於道生思想的解讀詮釋，相較於當年筆者摸索學位論文的克難情況，無論眼界格局、研究方法，已經又有明顯的不同。在這篇論文中，除了保留「竺道生頓悟思想」為論文主題外，其實舉凡「理論基礎」與「義理內容」的劃分，都已經標示著筆者一個全然不同的心態。為了融入近幾年來，筆者全心投注的歐陸海德格哲學與中國華嚴宗哲學，這篇論文的附錄中，筆者嘗試加上兩篇近作：其一是通過存在主義的立場重新詮釋道生佛性論，其一則是以唐代賢首法藏的佛性論為主軸的本體論研究。這兩篇發表於學術會議的論文，理念上都是筆者源發自「竺道生頓悟思想」的義理基礎，所持續演變融鑄的「『後』竺道生」思維，一方面是紀念著筆者廿餘年來持續耕耘道生思想的軌跡，一方面也正是象徵性的感懷當初印順導師與熊琬恩師對末學的知遇之恩。

（二）論文題要

本文以「竺道生頓悟思想之研究」為題，主要目的在於還原並重整竺道生頓悟思想的應有論點。全文之提要內容如下：

「前言」部分，重點在為本文的系統架構，提供一套整體的說明。內容包括本文寫作動機、目的、章節安排及撰述的方式。

第一章「生平著述及其時代、學術背景」，本章歷述竺道生之生平略歷、著述，及其時代環境、學術背景等，希望透過外緣資料的掌握，裨便尋檢出頓悟思想的可能淵源。

第二章「頓悟思想的主要理論基礎」，本章分別從竺道生主要的兩大思想體系——般若思想與佛性思想，進行深入的研析探討，以凸顯其頓悟思想的理論依據。

第三章「頓悟思想的義理內容」，著重於竺道生當時「頓漸之辯」的釐清，以托襯出竺道生頓悟思想的主要理論特色；並藉諸相關文獻的組織過濾，由「理」及「悟」層面個別予以義理的深化，以表現出竺道生頓悟思想可能含蘊的義理內容。

第四章「頓悟思想之評價及其現代意義」，本章主要是依竺道生頓悟思想在中國學術發展中的歷史價值及應有地位，試予一客觀的評價；並嘗試通過頓悟理念的活絡運用，擴伸其觸角，以與現代相結合。

第五章「結論」，歸結上述諸章論點，以為本文結語。

「附錄」部分，收錄與竺道生頓悟思想相關的對比性研究論文兩篇。

# 目
# 次

# 前言——本文寫作動機、目的、章節安排及撰述方式

　　目前國內的中文著作裏，關於竺道生（以下簡稱道生）思想研究的論述，在數量上仍不多見。迄今為止，從事過這方面專題研究的，還未超過十人。而研究者當中，較具於代表性的，是印順、湯用彤和方東美三家。這裏面，印順較傾向於就佛教教理的層面觀察道生，基本上是屬於傳統佛教學者的研究模式；而湯用彤則是透過史料文獻的方向理解道生，比較偏向於史學意義的詮釋；至於方東美，則主要是運用現代哲學的角度，對道生思想進行重新的評估和界定。另外，錢穆雖然不曾針對道生而作專題探討，但在其論述中卻經常強調道生會通儒佛的意義，也是一個比較值得重視的大家。由於他們各具擅長，研究的成績也頗有可觀，對於後來研究道生思想的新生代學者而言，確是起了很好的帶頭作用。

　　然而，遺憾的是：針對道生最富於創意的頓悟思想，截至目前為止，仍然沒有人為它提出一個比較系統化的整理。

　　前面舉示的諸家之中，湯用彤雖然曾經嘗試從史料文獻的角度，窺探道生的頓悟思想，但由於其陳述或編輯的觀點過於零散，實在很難凸顯出道生原有的思想規模。而其他各家，對於頓悟思想的處理，幾乎也都只有做到理論表層的論介工作而已，深入的程度明顯不足。造成這種現象，我覺得除了撰述者本身處理的意願不高以外，也受限於一些客觀的因素，例如道生所有關於其頓悟思想的直接資料，在今天幾乎已經完全亡佚，而當時能夠記載此一思想的史料或文獻也多半不存。再加上道生頓悟思想的提出，距離現在已

有一千五百年之遙，其間它雖然曾在實際的學術發展中發揮了影響後代的力量，但始終缺乏有力的傳人延續其慧命。這些因素，都在無形之中，模糊了頓悟思想的原有風貌。所以，在今天，如要還原或重新整理其論點，並非易事。不過，無可諱言的，這是一件十分具有挑戰性而且也值得去做的學術工作。本文之所以選擇道生的「頓悟思想」為研究主題，動機在此。

而有鑒於前述學者們在頓悟思想方面研究之不足，本文計劃朝下面三個研究目標發展：

一、從道生存世的經疏資料以及當時整個學術發展的脈絡，定位出頓悟思想的可能淵源和實際的立說基礎。

二、由道生當時頓漸之辯的可見文獻裏，做一歸納過濾，以發掘出頓悟思想本身的可能義蘊。

三、透過頓悟思想對後代學術發展的實具影響，以重新貞定頓悟思想的重要地位和價值。

根據於上述的研究目的，本文的章節安排及撰述的方式如下：

第一章部分，本文首先就道生的主要外緣資料進行了解。全章共分三節，歷述道生之生平著述及其時代、學術背景。其中，本文特別重視第三節的部分；事實上，道生頓悟思想，最初的觀念萌始，起因於其學術背景的成分最大。而這裏，源自於師友傳承的思想，又明顯是型塑其頓悟義的重要來源，所以，「師友傳承影響」部分，本文另外做了比較精細的設計，希望能藉此豁顯出道生頓悟思想的淵源。

至於第二章裏，本文之所以強調般若與佛性為頓悟思想的兩大理論基礎，主要是相應於道生「以不二之悟，符不分之理」這一主調而舖說（此處，道生所謂「不二之悟」，意指佛性究極的境界，而「不分之理」則是般若空理的同義詞），另外，也酌情於下列考慮：

第一、由於鳩摩羅什的進入關中，帶進了龍樹畢竟空的般若思想，使當時充滿老莊色彩的格義佛學，得以脫離玄理玄智的牢籠而邁入畢竟空的新境。當時佛教學者，無不競習畢竟空義理，蔚為時風。道生曾師事羅什，而且其頓悟思想的「空理」論點，與畢竟空義理的關係十分密切。因此，研析其頓悟思想，不能不先熟諳般若。

第二、道生當時，儒學獨尊的局面雖已過去，但儒學的精神仍隱性地深植在傳統之中。以道生佛性思想為例，便不時流露出佛教教理中國化的跡象，

錢穆認爲道生乃「以孔孟會通佛教」者，便是基於這種理解。而此一特色，在其頓悟的理念中，無疑是得到積極的深化，道生頓悟思想之所以能夠開出「頓悟成佛」的終極理境，與其佛性思想的關係，密不可分。因此，探討道生頓悟義之先，必先了解其佛性思想。

根據於上述的考慮，本文第二章乃專對於道生之般若與佛性思想，做比較詳細的敘述。在撰述的方式上，主要是以道生現存的著述資料爲主，而以經典文獻爲輔；其中，佛性思想部分，本文計劃由「本體義」和「工夫義」兩方面加以強調，基本上這是爲了學術處理的方便，並不意味佛性思想是可以做此種割裂（事實上，本體與工夫根本上是一體的），特別先在這裏釐清。

而通過這兩大理論基礎的明晰掌握，順勢便可導入第三章，處理頓悟思想的義理問題。

在第三章中，本文先從道生當時頓漸之爭入手。由於頓漸之爭牽涉到道生頓悟思想基本理論的建立，因此，了解頓漸之爭的實情，對於凸顯道生頓悟思想，助益甚大。其次，則計劃從頓悟義的關鍵字「理」和「悟」著手，搭配各種相關的資料和文獻，順著道生著述資料的主線，展開多角度的觀察，期望能藉此而發展出道生頓悟思想所具有的可能義蘊。由於道生的《頓悟義》、《頓悟成佛》等直接資料已佚，因此，本文在第三章透過「頓漸之爭」、「理」、「悟」等層面追溯頓悟思想的義理內容，只能說是衡估並還原道生頓悟原貌的一種嘗試，不敢說這絕對是唯一的答案。

其次，在第四章裏面，本文課求的主題，是偏重於頓悟思想的評價及現代意義上面。其中，評價的部分，基本上是以頓悟思想的學術貢獻及持續的影響爲主。而現代意義部分，則著重在頓悟根本理念（或精神）的現代運用。這兩部分的強調，可以幫助我們重新肯定頓悟思想的地位和價值。

最後，第五章是將本文的論述作一總結。

以上，大抵說明了本文寫作動機、目的、章節安排及撰述方式，希望能提供給讀者一些閱讀上的參考。底下，即正式進入本文第一章。

# 第一章　生平著述及其時代、學術背景

　　道生的思想，在晉末宋初的中國學術界裏，無疑是大放異彩的。他的許多見解，對當代均有極深透的影響，其中尤以頓悟（即頓悟成佛）思想的提出，貢獻最大。道生此一見解，不僅帶動了佛學的中國化、影響中國式佛學的建立，而且也使當時的知識分子，有機會從三家（儒、釋、道）長期分立的文化桎梏中解放出來，為「三家合一」觀的實現，預做奠基工作。

　　而道生之所以能在學術中大放異彩，除歸諸個人的天分以外，還拜受其師事閱歷以及整個時代、學術環境孕育之賜。因此，在正式探討其頓悟思想之先，首應了解其生平及時代、學術背景的大概。職是之故，本章擬分從道生的生平著述、時代背景和學術背景三部分，進行敘述。期望能由這些外緣資料的組織整理，概見道生的生命全貌，並做為連接其頓悟思想的媒介。

　　首先，便從道生的生平略歷及其著述開始。

## 第一節　道生之生平略歷及其著述

　　在本單元中，敘述的主題有二：一是從現有的道生傳記資料中，對其生平經歷做一概括的認識，一是透過相關文獻的整合，了解道生的著述情形。下面，我們先由道生的「生平略歷」部分入手。

## 一、生平略歷

　　道生，俗家本姓魏氏，原籍鉅鹿（今河北平鄉縣），僑居彭城（今江蘇銅山縣），生年不詳。〔註1〕關於他的家世，慧皎《高僧傳》稱「家世仕族，父爲廣戚令，鄉里稱爲善人」（磧砂卅冊，頁604），可見他是出身世代爲官的門第之家。在這種優渥的家族條件裏，道生敏銳的智慧，很早就得到父親的重視和喜愛，僧祐《出三藏記集》稱道生「幼而穎悟，聰哲若神。其父知非凡器，愛而異之」，〔註2〕就是對其早慧最具體的描寫。

　　至於道生何時出家，依現有文獻來看，仍無法指出確定的時間；〔註3〕不過，大約時間應在十五歲以前。他的歸依師父，是當時弘教於中國東南的般若學者——竺法汰，〔註4〕因爲歸依後隨附師姓，所以又名竺道生。僧祐稱道生服膺受業後，「儁思奇拔，研味句義，即自開解」，能夠如此地智慧大開，一方面固然得力於他的天賦，一方面可能就要歸功於竺法汰的適時點撥了。

　　由於天賦與名師的兩相助成，道生早在十五歲那一年，就已經有登座擔任講席的經驗，僧祐如是記載著當時的情形：

> （道生）年在志學，便登講座，探賾索隱，思徹淵泉，吐納問辯，
> 辭清珠玉。雖宿望學僧，當世名士，皆慮挫辭窮，莫能抗敵。

從道生能使「宿望學僧」和「當世名士」都爲之窮辭挫慮這一點來看，可以證明其佛學與玄學素養，在這段時期裏，一定已經十分可觀了。

　　到了廿歲，道生的聲名達到高峯，僧祐曾作這樣的稱讚：

> 年至具戒，器鑒日躋，講演之聲，遍於區夏。王公貴勝，並聞風造
> 席；庶幾之士，皆千里命駕。生風雅從容，善於接誘。其性烈而溫，
> 其氣清而穆。故豫在言對，莫不披心焉。

身在諸多「王公貴勝」與「庶幾之士」的造席圍繞之中，道生不但沒有因

----

〔註1〕近人魏汝霖在〈南北朝時代的佛學思想〉文中，則明指道生是生於東晉簡文帝咸安二年（西元372年），不知何據。該文收於《魏晉南北朝佛教小史》書中，請讀者參看。

〔註2〕前述引文見梁僧祐《出三藏記集》卷十五〈道生法師傳〉。出自磧砂藏（本文簡稱磧砂）廿九冊，頁354～355。在本節中，凡稱僧祐說，均指此〈道生法師傳〉資料，不再另註出處。

〔註3〕魏汝霖則指道生於七歲出家，其說無據，難令人信服。其說出處見註1。

〔註4〕僧肇在《肇論》中曾破「本無」思想。此本無思想即竺法汰所主張，重點在強調般若性空之理。《肇論》見嘉興藏（本文簡稱嘉興）廿冊。

此起我慢自大，反倒更加地策勵精勤，志求於道。為了進一步體證真理，約在晉安帝隆安年間（西元 397～401 年），道生進入廬山，展開了七年幽棲隱居的修行生活。〔註5〕而也就在這段時期內，道生接觸了慧遠的般若與淨土思想，並從學於當時毗曇學的大師——僧伽提婆，得窺小乘一切有部的教義。

後秦弘始三年（西元 401 年），鳩摩羅什應姚興之請，駐錫關中長安譯講佛典，吸引了大批知識沙門，道生大約也在此時，「與慧叡、慧嚴同遊長安，從什公受業」。〔註6〕據說當時關中僧眾，凡接觸過道生的，對於他天稟的神悟，沒有一個人不欽服。所以，後來鳩摩羅什門下的四聖、八俊、十哲，〔註7〕道生都身與其列。

宋釋慧琳在〈竺道生法師誄〉中稱：

> 中年遊學，廣搜異聞。自楊徂秦，登廬蹋霍。羅什大乘之趣，提婆小道之要，咸暢斯旨，究學其奧。所聞日優，所見踰賾。（《廣弘明集》卷廿三，磧砂卅一冊，頁 455）

此即敘述道生在廬山和關中二地，學習大小乘思想的情形。頗值得一提的是，關中受業這段期間，尤其對於道生全盤思想的進展，提供很多有效的助緣。例如鳩摩羅什的般若（主要指龍樹的空觀哲學）與法華、十住等思想，對於道生後來的哲學發展，就有很大的刺激作用；而友輩中，被時人譽為「解空第一」的僧肇，更甚至曾與道生「同止數年，至於言語之際，常相稱詠」（《肇論》，嘉興廿冊，頁 266），影響當然也不小。除此以外，在關中期間，每天隨著鳩摩羅什新經的不斷譯出，加上諸多義學沙門的彼此切磋辯論，「所聞日優，所見踰賾」，各種有利條件充分孕育下，也使得道生的思想領域，得到空前的開發與充實。

按僧祐的記載，道生在吸收提婆及龍樹思想之後，曾潛心妙貫兼綜，最後提出兩者共通的悟境，道生說：

> 夫象以盡意，得意則象忘。言以寄理，入理則言息。自經典東傳，

---

〔註5〕道生是否在具戒（廿歲）時就直接進入廬山，仍無確論。不過由慧琳直稱「中年遊學」來看，可能道生幽棲廬山的時間，是在廿歲以後。慧琳說見〈竺道生法師誄〉，磧砂卅一冊，《廣弘明集》卷廿三，頁 455。

〔註6〕這是僧祐的說法。

〔註7〕關於四聖、八俊、十哲的詳細名錄和演變情形，請參見湯用彤《漢魏兩晉南北朝佛教史》。頁 323～324。

> 譯人重阻，多守滯文，鮮見圓義。若忘筌取魚，則可與言道矣。

道生的一些重要主張，如善不受報、頓悟成佛、法身無色等等，幾乎都與此一悟境發生關連。印順法師在〈點頭頑石話生公〉文中，也特別歡賞道：

> 他（道生）的獨到理境，以佛法的思想來說，不愧為第一流的真常論者。他不受名迹的封蔽，能從名迹中解放出來，更進而淨化他。（《佛教史地考論》，頁 384）

此處，印順法師又將道生會通提婆、龍樹的思路，銜接到涅槃系統的真常論點上面去，使原本只是「從名迹中解放出來」的靜態活動，提昇為對現實人生的「淨化」。這正是道生在會通提婆、龍樹之後，思想發展的主要傾向。而這種積極且富創意的思想，卻不幸成為當時「多守滯文」之徒所極力杯葛的對象。我們從慧皎《高僧傳》所云「守文之徒，多生嫌嫉，與奪之聲，紛然競起」（磧砂卅冊，頁 604），即可見出當時衝突之激烈。而如是的義學糾紛，到了後來，竟然造成道生被擯的悲劇。

據僧祐記載：

> 六卷泥洹先至京都。生剖析佛性，洞入幽微，乃說阿闡提人皆得成佛。于時大涅槃經未至此土，孤明先發，獨見忤眾。於是舊學僧黨，以為背經邪說，譏忿滋甚，遂顯於大眾，擯而遣之。

當時所謂的六卷泥洹，指的是法顯的泥洹譯本。至於道生所主張的「一（阿）闡提人皆得成佛」說，在法顯的譯本內，不但沒有說載，反而還有恰成兩極化的對立意見。底下引其經文為證：

> 彼一闡提，於如來性，所以永絕，斯由誹謗，作大惡業。如彼蠶蟲，綿網自纏，而無出處。一闡提輩，亦復如是，於如來性，不能開發，起菩提因，乃至一切，極生死際。（《大般泥洹經》卷六，磧砂八冊，頁 801）

依此經文來看，既然一闡提永絕如來性（即佛性），其成佛之路自然亦隨之封閉。這是何以道生的主張，在當時特別突兀而容易被排斥的主要原因。而印順法師則認為：

> 一闡提人，是沒有出世意向的人；他無論如何，沒有解脫成佛的可能。……在他（此指道生）敏銳的心目中，窺透了必至之理，才會說闡提有佛性。但這是他卓越的先見，沒有經文可證，於是乎成為大問題了。（《佛教史地考論》，頁 392）

依此說明，印順法師認爲道生之所以不受經文的遮視，而能直接觸及隱寓的必至之理，完全是出自敏銳卓越的先見。但也因爲無經文爲證，被誣指爲邪論，遂造成他的被擯。

根據湯用彤的說法，道生被擯出走的年代，約在元嘉五年至六年（西元428～429年）間。〔註8〕在僧祐的記載裏面，道生臨走前，曾留下這樣動人的一幕：

> 生於四衆之中，正容誓曰：若我所說，反於經義者，請於現身即表癘疾；若與實相不相違背者，願捨壽之時，據師子座。言竟，拂衣而逝。

之後，道生直入吳中的虎丘山，有名的「頑石點頭」故事，便發生在虎丘山。《佛祖統紀》這樣寫著：

> 師被擯，南還入虎丘山。聚石爲徒，講涅槃經，至闡提處，則說有佛性，且曰：如我所說，契佛心否？群石皆爲點頭。（嘉興十冊，頁747）

不管此事是否屬實，它都很能把道生對眞理的執著，生動地刻劃出來。後來，元嘉七年（西元430年），北涼曇無讖翻譯的四十卷《大般涅槃經》南傳，經文果然印證了道生的說法，該經第廿六卷如是記載：

> 一闡提輩，以佛性故，若聞不聞，悉亦當得阿耨多羅三藐三菩提。如佛所說，何等名爲一闡提也，謂斷善根。如是之義，亦復不然，何以故？不斷佛性故，如是佛性，理不可斷。（磧砂八冊，頁667）

文中所謂「阿耨多羅三藐三菩提」，意指無上的正等正覺，那是對成佛境界的描述語。足證「闡提成佛」的說法，也有教理上的依據。這使得道生立即得到平反，並聲名大噪，所謂「涅槃聖」的尊稱，可能就是出於當時。「這個故事，對堅定信念和追求眞理的人，實是一大鼓舞」。〔註9〕

最後，道生結束生命的一幕，也十分特殊感人，僧祐記載當時的情形：

> 宋元嘉十一年冬十月庚子，於廬山精舍昇于法座。神色開明，德音雋發，論議數番，窮理盡妙，觀聽之衆，莫不悟悦。法席將罄，忽見麈尾紛然而墜，端坐正容，隱几而卒，顏色不異，似若入定。道俗嗟駭，遠近悲涼。

---

〔註8〕此一說法的推論，見《漢魏兩晉南北朝佛教史》，頁620。

〔註9〕這句話是韋政通對竺道生的評斷，出自《中國思想史》下冊，頁770。

在講席上端坐而逝，不但贏得了四眾道俗的嗟駭歎服，而且也應驗了當年「捨壽之時，據師子座」的誓言。像道生這樣傳奇式的遭遇，歷史上可謂絕無僅有。僧祐形容其「神鑒之至」，大概也是有感而出的。

## 二、著述

關於道生的著述，根據僧祐《出三藏記集》、慧皎《高僧傳》及陸澄的《法論目錄》〔註10〕所載，共有下列十七種：

1. 《善不受報》僧祐、慧皎同載。
2. 《頓悟義》僧祐載。
3. 《頓悟成佛》慧皎載。
4. 《二諦論》慧皎載。
5. 《佛性當有論》慧皎載。
6. 《法身無色論》慧皎載。
7. 《佛無淨土論》慧皎載。
8. 《應有緣論》慧皎載。
9. 《維摩經義疏》僧祐載。
10. 《法華經義疏》僧祐載。
11. 《泥洹經義疏》僧祐載。
12. 《小品經義疏》僧祐載。
13. 《涅槃三十六門》陸澄載。〔註11〕
14. 《釋八住初心欲取泥洹義》陸澄載。
15. 《辯佛性義》（王稚遠問，竺道生答）陸澄載。
16. 《范伯倫問道生》往反三首　陸澄載。
17. 《竺道生答王休元問》一首陸澄載。

可惜的是，以上這些著作多已殘佚零散，目前尚見存且著錄於藏經的，只有《維摩經義疏》、《法華經義疏》、《泥洹經義疏》及《竺道生答王休元問》四種。其中，《法華經義疏》及《竺道生答王休元問》，還得以保存較完整的

---

〔註10〕《出三藏記集》和《高僧傳》，均有道生的傳記資料，道生部分著述即登錄在這些資料之中。至於陸澄《法論目錄》，則搜羅蕭梁前四眾僧俗作品，道生的著述僅居其一而已。目前所見的《法論目錄》，是刊併在《出三藏記集》的卷十二內（磧砂廿九冊，頁327～329），讀者可參照閱讀。

〔註11〕但依據《大唐內典》之記載，則「門」應作「問」字。請對照磧砂廿九冊，《大唐內典》卷十，頁620。

風貌；而另外兩種，則因爲雜合別家注本，在系統上略顯支離。〔註12〕

在這裏，特別值得我們注意的是《泥洹經義疏》。依現存注本來看，是屬於三十六卷《涅槃經》改治本的注解，但捜諸僧祐《道生法師傳》，却有「六卷泥洹先至京師，生剖析佛性，洞入幽微」的記載，可見我們也不應排除道生注六卷泥洹的可能性。因此，現存《泥洹經義疏》很有可能是三十六卷本和六卷本的注疏總集。

另外，在陸澄《法論目錄》中，還收錄了下列幾種相關的文獻：〔註13〕

1. 〈與竺道生書〉　　　　　劉遺民
2. 〈與道生、慧觀二法師書〉　范伯倫
3. 〈問竺道生諸道人佛義〉　范伯倫
4. 〈述竺道生善不受報義〉　釋僧璩

四種裏面，除 4. 之外，都是書信往反之類，按理推想，可能道生也都有回書答覆。不過，這四種文獻均已亡佚，到底內容如何，我們仍然無法得知。

以上，分述了道生的生平略歷及其著述，希望經由這一過程，能在讀者心靈中，概略性地呈現出一幅道生的畫像。當然，這幅畫像可能還是廣略而空廓的，爲了更積極表現其清晰度和生命感，接下來的步驟，我們便從道生的時代及其學術背景逐次闡明。

# 第二節　時代背景

這一單元，主要是以道生的政治，社會環境做爲說明的主題，分別由當時的政治情勢、門第制度及黎民生活三處著手。首先，先了解政治情勢的問題。

---

〔註12〕這四種文獻的出處分別如下：
　　（1）《維摩經義疏》　雜合於《注維摩詰經》中，見嘉興八冊，頁 69～99。
　　（2）《泥洹經義疏》　雜合於《大般涅槃經集解》中，見大正藏（以下簡稱大正）七三冊，頁 377～611。
　　（3）《法華經義疏》　見卍續藏（底下簡稱卍續）一五〇冊，頁 800～832。
　　（4）《竺道生答王休元問》　併錄於謝靈運〈辨宗論〉一文中。見磧砂卅一冊，《廣弘明集》卷十八，頁 415。
　　底下，爲行文之便，《維摩經義疏》簡稱《維摩疏》，《法華經義疏》簡稱《法華疏》，《泥洹經義疏》簡稱《涅槃疏》。
〔註13〕陸澄《法論目錄》出處，參見註 10。

## 一、政治情勢的紛亂

司馬氏的政治局勢，自始即是不穩定的。西晉統一還不到十二年，朝政就步入動盪不安之中，賈后、八王之亂，乃至接踵而至的西北民族入寇，顛簸的情勢，迅速地導致西晉的滅亡。其後，琅琊王司馬睿雖再繼祖祚，組織了一個偏安東南的東晉政權，但也還是在內憂外患兩相交煎下，風雨飄搖。

以《晉書》的資料來看，東晉當時所面對的最大外患，便是南寇的北方胡人。《晉書帝紀》卷九中，就有許多條苻堅南寇的記載，舉其一二如左：

1. 孝武帝康寧元年：十一月，苻堅將楊安陷梓潼及梁益二州，刺史周仲孫帥騎五千南遁。（《晉書》卷九，頁 225）

2. 孝武帝太元元年：秋七月，苻堅將苟萇陷涼州，虜刺史張天錫，盡有其地。（《晉書》卷九，頁 227）

3. 孝武帝太元七年：九月，苻堅將都貴焚燒沔北田穀，略襄陽百姓而去。（《晉書》卷九，頁 231）

透過這些記載，戰場上兵器鏘鳴、人馬雜沓的情景，彷彿在目。晉室在應付苻堅的防禦戰上，完全居被動，處處顯得狼狽不堪、疲態畢露。雖然太元八年（西元 383 年）的淝水之戰，終於平定寇難，但也使晉室元氣大傷，加速滅亡的腳步。

此外，各地層出不窮的兵變，也對政局的穩定，構成嚴重的威脅和考驗，底下條紀數條，以見梗略：

1. 孝武帝太元十七年：夏四月，齊國內史蔣喆殺樂安太守辟閭渾，據青州反。（《晉書》卷九，頁 239）

2. 安帝隆安二年：秋七月，兗州刺史王恭、豫州刺史庾楷、荊州刺史殷仲堪、廣州刺史桓玄、南蠻校尉楊佺期等舉兵反。（《晉書》卷十，頁 250）

3. 安帝義熙六年：春二月，廣州刺史盧循反，寇江州。（《晉書》卷十，頁 261）

這些武裝政變，挑散了晉室團結的希望，使大局更加每下愈況，無怪乎劉裕能以風捲殘雲之勢，迅速地取而代之。

而在晉末諸多政治變動中，除前述的外患及兵變外，還有一項內在的禍害，也嚴重啃蝕晉帝國的基骨，那就是權臣的亂政。以簡文帝為例，在《晉書帝紀》卷九內，就記載如是一段資料，頗能將當時君臣的關係一語給道破：

> 溫（桓溫）既仗文武之任，屢建大功，加以廢立，咸振内外。帝雖
> 處尊位，拱默守道而已，常懼廢黜。（《晉書》卷九，頁223）

君臣關係演變至此，真正是人事已非、名存實亡的了。桓溫在簡文帝時，由
於權柄在握，開口實大聲宏，常能決定時君的廢立。這使得當時在位的簡文
帝日日肝腸憂煎，其處境之險惻難堪，令聞者都不禁為之戚然心酸。可怕的
是，這種情形到了劉宋，不僅無法改正，還更變本加厲地惡化。《南史・宋本
紀》卷一，即有臣弒君之記載：

> 景平二年，六月癸丑，徐羨之等使中書舍人邢安泰弒帝於金昌亭。
> 帝有勇力，不即受制，突走出昌門，追以門關踣之致殞，時年十九。
> （《南史》卷一，頁31）

徐羨之、邢安泰等人的弒君，不僅無視於犯上的大忌，而且還是手段殘忍、
駭目怵心。由這種宮廷的内變來看，當時權臣的亂政，確已達到無法無天的
嚴重地步了。

　　道生跨處晉宋兩代，以他生活的主要時期來講，就歷經了苻堅南寇、桓
溫兵變及少帝被弒等等事件。如此特殊的客觀環境，對他可能也產生過影響。
他運用佛教的真常學理，積極發展人類光明的一面，多少便具有對當代政治
反省的意義。而終其一生與政治的絕緣，則更是最清楚的表白。

## 二、門第制度的壟斷

　　太康元年，司馬氏王朝頒布占田制。此一所有權制的改變，使士族可
以順理成章地依據官品而佔有大量土地。同時，由於魏文九品中正制度的
日益式微，變相地助長士族特權的發展，使士族地位大大提高。再加上這
些士族團體自身的結構性變動，本來就不大，終於演變成極不合理的門第
制度。

　　在門第制度下，士族們壟斷了大部分的政治活動、經濟利益以至文化資
訊，使得出身較低的庶姓平民，根本失去競爭或入仕的機會。趙翼在《廿二
史剳記九品中正篇》中，即將此情形鮮明托出：

> 段灼疏言：九品訪人，惟問中正，據上品者，非公侯之子孫，即當
> 途之昆弟。劉毅亦疏言：高下任意，榮辱在手，用心百態，求者萬
> 端。此九品之流弊見於章疏者，真所謂上品無寒門，下品無世族；
> 高門華閥，有世及之榮，庶姓寒人，無寸進之路；選舉之弊，至此

而極，然魏晉及南北朝三、四百年，莫有能改之者。蓋當時執權者，即中正高品之人，各自顧門戶，固不肯變法；且習俗已久，自帝王以及士庶，皆視爲固然而無可如何也。(《廿二史箚記》卷八，頁164)

這些高門華閥的壟斷，使得九品中正制與正常的政治結構，都受到根本上的破壞。所謂「高門華閥，有世及之榮，庶姓寒人，無寸進之路」，正是最具體的寫照。左思就曾對這樣的制度大表不滿，在《詠史》第二首中，有「世胄躡高位，英俊沈下僚」(《文選》卷廿一，頁282)句，頗能將門庭狹隘的情形反映出來。在「世胄」這種專利階級的壟斷下，寒素進取的途徑完全給壓抑住；而眞正懷抱崇高理想志向的，最後也不過充任「下僚」而已。這樣不公平的懸殊待遇，當然會令庶姓士人憤懣不平、有志難伸。另外，《詠史》第六首裏，左思又說：

高眄邈四海，豪右何足陳。貴者雖自貴，視之若埃塵；賤者雖自賤，重之若千鈞。……英雄有屯邅，由來自古昔，何世無奇才，遺之在草澤。(《文選》卷廿一，頁283)

這對於門第制度，也有相當的抨擊作用。事實上，從歷史的角度來看，門第制度正是導致兩晉和南朝政權內部權利分配不均、迭生爭執動亂，以及秀異人才始終難以出頭的重要原因。在這個時代裏，大部分有識的庶姓士人，進取無路的環境下，產生「高眄邈四海，豪右何足陳」的心態，是極自然的。其中，可能有人因此走向憤世嫉俗桀傲不群，有人會孤高自賞隱居山林；他們選擇的生活方式或縱或不同，但對門閥的深惡痛絕則一。

　　道生的主要生活時期，既是分布於晉宋之間，那麼諸如左太冲等文人所面對的客觀事實，道生一定也曾經體會到。這對他的思想和生活態度，當然也有影響如他所提出的「佛性」義，就是略異取同，以更廣袤的普遍眞理，來嘗試誇越階級的差異。他說：「現佛性照極之時，不待食，離對待也」(《涅槃疏》，大正七三冊，頁393)，佛性是遠離對待分別的，它指出人類共通的究竟眞理。在道生而言，佛性具有豐富的創造活力，它足以使每個人皆成聖成佛，就此處言，則無論士族庶人都是平等的。此外，道生又說：「去已所封，入佛化也」(《涅槃疏》，大正七三冊，頁390)，他認爲只有蕩平階段、對立，泯除分別計執的封限，成佛才是有可能的。這些觀念，對於階級森嚴的門第制度而言，都無異是最有力的反擊。

### 三、黎民生活的困難

在昏亂萎頓的政局和不合理的門第歧視下，黎民常常是無謂的犧牲品，由於他們的出身輕賤，逼使他們必須終生承擔苦難。有時，如果再加上兵亂天災，其境遇就更加悲慘。《晉書·食貨志》云：

> 惠帝之後，政教陵夷，至於永嘉，喪亂彌甚。雍州以東，人多飢乏，更相鬻賣，奔迸流移，不可勝數。幽并司冀秦雍六州大蝗，草木及牛馬毛皆盡。又大疾疫，兼以饑饉，百姓又爲寇賊所殺，流尸滿河，白骨蔽野。……人多相食，饑疫總至，百官流亡者十八九。（《晉書》卷廿六，頁791）

這是發生在西晉永嘉亂後，社會的眞實情形。那時，當頭壓落於百姓身上的，是「人多相食，饑疫總至」的殘酷命運，人民心中的悲滄絕望，不喻可知。

到了東晉，狂燃竄行的戰禍接踵而至，嗜血掠殺之徒，肆無忌憚地塗炭生靈，人民的生活就更形淒苦了。《晉書》卷一百十五云：

> 姚萇殘虐，慕容垂凶暴。所過滅戶夷煙，毀發丘墓，毒遍存亡，痛纏幽顯。雖黃巾之害于九州，赤眉之暴於四海，方之未爲甚也。（《晉書》卷一一五，頁2945）

姚萇、慕容垂的年代，約當晉簡文帝及孝武帝二朝。〔註14〕這段時期，剛好也是東晉政局最蹭蹬動盪的時刻。由此，不難想像出，存活在此一時代罅縫中的生民，他們無奈的栖徨與痛苦。而根據《王羲之傳》的記載，在政府征役充運的壓力下，人民也常須付出慘重的代價：

> 自軍興以來，征役及充運，死亡叛散，不反者眾。虛耗至此，而補代循常，所在凋困，莫知所出。上命所差，上道多叛，則吏與叛者席捲同去。又有常制，輒令其家及同伍課捕，課捕不擒，家及同伍尋復亡叛，百姓流亡，戶口日減。（《晉書》卷八〇，頁2098）

所謂「死亡叛散，不反者眾」、「百姓流亡，戶口日減」，不但徹底反映當時征役政策的失敗，而且還加速將已經孤薄無助的天下蒼生，，導入一個更黝暗的深淵。

另外，繁重的賦稅以及貪墨成性的酷吏，也像魔咒般的壓榨民脂民膏，形成黎民永無止盡的夢魘。黃淑梅在《六朝太湖流域的發展》一文中，曾說：

---

〔註14〕如以西元易算，簡文、孝武二朝約當西元362～396年間。而後秦姚萇在位期間是西元384～393年，後燕慕容垂則爲西元383～396年。

> 六朝時代典型的士族政治中，政府曲從士族的利益，剝下益上。士
> 族階級在政治及經濟上都能佔絕對的優勢，人民則在重賦及惡吏的
> 雙重壓迫下，民不聊生。（《六朝太湖流域的發展》，頁 175）

的確，在這樣的時代環境下，「民不聊生」是最嚴重的社會問題。在政府「剝
下利上」的策略裏，擔當國家課稅及征役來源的，永遠是赤貧下戶，除非這
些平民能翻身，否則就注定是要終生運旋在這些宿命的苦難中。

　　道生的思想，從這樣的時代中化育出來，自然他也有自己思想上獨特的
回應。例如「解脫者，人似未脫，而實解脫爲相也」（《涅槃疏》，大正七三冊，
頁 532），就是告訴世人：與其屈迹在不平的情緒裏，例不如從中涵養「解脫」
的自在園地，只要現實煩惱能夠轉化成「人似未脫，而實解脫爲相」的觀照，
便可毫無困難地，爲自己開展出一片蔚藍的天空。這是道生取汲自涅槃思想
的妙悟，充分地彰顯出人類心靈雄偉遼闊的力量；它能使一個人即使在苦難
重壓之下，也同樣展現大解脫的自在境界。

　　而以上所談的，都只偏向於政治與社會背景，對於了解道生思想，雖有
幫助，但亦有其局限性。爲了有更全幅的掌握，底下接著從當時的學術背景
來看。

# 第三節　學術背景

　　這一單元，主要重點在敍寫道生的學術背景，分由一、儒學衰微及玄學
清談的興起；二、格義佛學內部的轉變，以及三、師友傳承的影響三部分著
手。其中，二和三都直接關涉到當時中國佛學的思想潮流，對於了解道生思
想之緣起，應有極大裨益。至於一，則在說明當代儒學與玄學消長的情形；
平心而論，當時的儒學，在本質上已流於蠹空異化，而名士清談的玄學，與
原始道家的格局，更是相異逕庭。底下，本文即先從一、的部分開始進行。

## 一、儒學衰微及玄學清談的興起

　　據《漢書·儒林傳贊》載：

> 自武帝立五經博士，開弟子員，設科射策，勸以官祿，訖於元始，
> 百有餘年。傳業者寖盛，支葉蕃滋，一經說至百餘萬言，大師眾至
> 千餘人，蓋祿利之路然也。（《漢書》卷八八，頁 3620）

又同書〈藝文志〉亦載：

> 後世經傳，既已乖離，博學者又不思多聞闕疑之義，而務碎義難逃，
> 便辭巧說，破壞形體。說五經之文，至於二三萬言，後進彌以馳逐，
> 故幼童而守一藝，白首而後能言。安其所習，毀所不見，終以自蔽，
> 此學者之大患也。（《漢書》卷卅，頁1723）

足見兩漢讀書人，已經深爲章句之學的支離煩碎所苦了。試想，章句訓詁竟能演變到「一經說至百餘萬言」的地步，而幼童執守一藝，也必須「白首而後能言」，兩漢經學之蔽，眞是令人瞠目結舌、匪夷所思的了。

《後漢書》卷卅五〈鄭玄傳〉又云：

> 自秦焚六經，聖文埃滅。漢興，諸儒頗習藝文；及東京，學者亦各
> 名家。而守文之徒，滯固所稟，異端紛紜，互相詭激。遂令經有數
> 家，家有數說，章句多者或乃百餘萬言，學徒勞而少功，後生疑而
> 莫正。（《後漢書》卷卅五，頁1213）

經學不僅有章句煩碎之蔽，還存在著家法師承的藩籬之見。兩漢著名的今古文之爭，即是最典型的例子，他們爲了爭利祿學官，相互攻伐，喧嚷不休，已是歷史上公認的事實。這些都在無形中，促使儒學走向衰微的命運。到了東漢末年，朝廷內有外戚擅權、宦官爲禍，外有異族入侵，境內又盜賊四起、天災流行。董卓、曹孟德之輩復相競削斷名教。兩漢儒學在內部經學的紛亂中，本已元氣大傷，再加上這些致命的破壞，它的命運當然就更加日薄西山了。

緊隨於儒學衰微而出現的，便是從禮法和傳統桎梏中解放出來的玄學文化──名士清談。

干寶在《晉紀總論》中，對名士清談有這樣的敘述：

> 學者以老莊爲宗而黜六經，談者以虛蕩爲辨而賤名檢，行身者以放
> 濁爲通而狹節信。（《文選》卷四九，頁691）

所謂「以老莊爲宗而黜六經」，正是典型魏晉玄學的反映，而「以虛蕩爲辨而賤名檢」，則在說明清談本身只重境界而不務實際的情形。至若「行身者以放濁爲通而狹節信」，則是對名士們卸除人性束縛和禮教枷鎖後的放浪形骸，做批判式的說明。這段文字，對於玄學清談的基本性格，確是扼要而傳神的表達。

而牟宗三先生在《才性與玄理》中，如是說道：

> 名士人格是藝術性的，亦是虛無主義的，此是其基本情調。從其清
> 言清談、玄思玄智方面說，是極可欣賞的。他有此清新之氣，亦有

此聰明之智，此是假不來的。從其無所成而敗壞風俗方面說，則又極可詛咒。因為他本是逸氣棄才，而無掛搭處，即有之，他亦不能接受之。此其所以為可悲。他不能己立而立人，安己以安人，因為只是逸氣之一點聲光之寡頭揮灑，四無掛搭，本是不能安住任何事的，此其所以為虛無主義。由此觀之，完全是消極的、病態的。然由其玄思玄智方面說，他亦有積極的作用，他能開出哲學境界，特定地說，他可以作為消融佛教之媒介。（《才性與玄理》，頁71）

所謂「逸氣棄才」一語，其蘊蓄的悱鬱無奈，是令人感慨萬端的；尤其名士們「四無掛搭」的虛無情調，更加透露出玄學在現實生活上的無能為力。牟之所以直斥名士清談為消極病態，並不是沒有原因的，當然，玄學也有積極的一面，它的「玄理玄智」，後來就為佛教思想的進入中國，擔任架橋的工作。兩晉南北朝大盛的格義佛學，就是因此而產生的。

道生的時代，跨處晉宋之際，當時儒門早已淡薄，屬於新道家的玄學又以融入格義色彩而蔚為時風，可以說這兩種屬於中國的思想，在當時顯然都面臨了劇烈的考驗。而道生的時代，也正是佛學剛開始脫離祭祀迷信，導向義學發展的關鍵期。在這樣重要的文化轉型時刻，他所採取的文化認同以及統會異說的態度、氣魄，無疑都是令人絕賞的。以其佛性思想為例，基本上就與性善論有精神的雷同，而「理歸一極」的觀點，更有意於將印度佛學與中國傳統熔為一爐。這種既能趨新又能不捨傳統的心態，不僅在當代發揮了三家合流的帶頭作用，即令在今日，也都有不可磨滅的意義。

底下，我們接著探討的是：道生時代的格義佛學情形。

## 二、格義佛學內部的轉變

格義一語，最早在《出三藏記集》收錄的僧叡〈喻疑論〉一文中，已有提及。而正式對格義進行界定的，則始見於慧皎《高僧傳》的〈竺法雅傳〉。底下分別引錄之：

（一）〈喻疑論〉：漢末魏初，廣陵、彭城二相出家，並能持任大照。尋味之賢，始有講次。而恢之以格義，迂之以配說。（《出三藏記集》卷五，磧砂廿九冊，頁283）

（二）〈竺法雅傳〉：雅乃與康法朗等，以經中事數，擬配外書，為生解之例，謂之格義。（《高僧傳》卷四，磧砂卅冊，頁585）

由此可見，格義基本的精神，就是試圖以中國現有的本土思想（即外書之屬）

為界面，使其發揮接引佛理的功能。「這在文化傳播上言，是一種妥協的方法；在佛教本身上言，則是一種方便的手段。」〔註15〕不過，却也因為太形諸妥協和方便，而使得傳達佛理的精確性，大打折扣。如當時對般若的詮釋，學者往往即恣意附會老莊之說，製造了許多渾噩朦朧、削足適履的說法。如此一來，格義不僅難以有效彰顯佛典的原旨，有時還甚至可能造成「滯文格義」、「義多乖謬」的情形。（二語見《出三藏記集》卷十四，磧砂廿九冊，頁345）

〈僧光傳〉中，道安就曾說：「先舊格義，於理多違。」（《高僧傳》卷五，磧砂卅冊，頁592）這是教理研究上的重要反省。從道安之後，「以佛教研究佛教」的向走，才開始被重視。可惜的是，道安囿於時代和個人的因素，並無十分具體的建樹。而他之反對格義，亦只是軟性消極的反對，從他實際的翻譯或撰述作品來看，傳統格義的缺點依舊存在著。後來，真正能糾正格義流弊的，是弘始三年入華的鳩摩羅什。

林傳芳在〈格義佛教思想之史的開展〉文中，對鳩摩羅什曾作下列的敘述：

> 從思想史的方面看，漢代以來的佛學研究和佛理發揚，無不附和假託於中國傳統思想，故可概稱為格義佛教時代，而羅什來華後，新譯經論疊出，而且譯法正確，從前的模糊不清的部分，可以獲得明朗的解答，故可以糾正格義的錯誤。（《魏晉南北朝佛教小史》，頁103）

鳩摩羅什之所以能澄清糾正過去格義的錯誤，除仰仗其疊出的新譯經論外，最主要還是得歸功於他個人圓熟的漢譯能力。〔註16〕僧祐說他的譯本為「義皆圓通，眾心愜服，莫不欣讚。」（《出三藏記集》卷十四，磧砂廿九冊，頁345）就是稱許羅什所譯，既能合契梵本原義，又能普遍為知識階層所欣然容受之故。在羅什的努力下，蟄伏於傳統格義氛圍中的教理，終於得到全新的釋放、破繭重生。其中最受重視的，便是龍樹畢竟空義理的引入，它解決了學界長久以來的般若爭議，令時人疑情頓釋、眾心愜服。

在羅什以後，雖然「擬配外書，為生解之例」的格義仍舊存在，但從當

---

〔註15〕這是林傳芳對格義的觀點。此語見《魏晉南北朝佛教小史》收錄之林傳芳〈格義佛教思想之史的開展〉文，頁84。

〔註16〕羅什未入華之前，曾因呂光事件淹留涼州達十七年之久。這對其漢語能力顯有相當的幫助，他在長安譯經之所以能順利無礙，與先前在涼州淹留所立下的基礎，關係很大。

時學者撰述，已可見出明顯轉變。如羅什弟子僧肇的〈涅槃無名論〉，雖在文字上仍充滿玄學的語彙，但所表現的却是龍樹的實相理境，絲毫不受玄學虛無思想所粘滯，僧肇解「涅槃」一義時，如是說道：

> 然則法無有無之相，聖無有無之知；聖無有無之知，則無心於內，法無有無之相，則無數於外。於外無數，於內無心，彼此寂滅，物我冥一，怕爾無朕，乃曰涅槃。（《肇論》卷下，嘉興廿冊，頁 267）

其中，「無心於內」破斥了我執，「無數於外」破斥法執，在我法二空中所呈現的，正是龍樹「物我冥一，怕爾無朕」的畢竟空境界。類似的詮釋態度，一樣見諸道生的作品內，例如他在處理頓悟思想中「理不可分」的概念時，即曾援引「無為」和「無」的語言形式，對二者進行一番脫胎換骨的解釋，使之完全成為不二空理的同型觀念。關於這一點，本文稍後將予詳述，於此不贅。

此處值得強調的是：由於羅什的影響，導使當時的格義佛學，在內部的體質上有了全新的轉變，這不但為佛教教理的研究建立正確可靠的保障，而且也為「以佛教研究佛教」的理想，展佈光明的遠景。依此可見，道生與其師羅什的學術關係，是十分密切的。順此思路，接著便由「師友傳承」這一角度，概覽道生思想之淵源。

## 三、師友傳承的影響

從師承的立場言，如第一節所言，道生先後歷事竺法汰、僧伽提婆及鳩摩羅什三人。其中，從學竺法汰期間，道生接觸了早期格義思潮中的般若學，奠定其慧學的基礎。而在廬山親近僧伽提婆時，則學習了有部阿毗曇的思想，促發其對外境萬法的如實體認。至於關中時期，道生更是透過鳩摩羅什而接收空觀、十住、法華等義理。這些源自師承的豐富思想礦藏，都是道生思想的重要淵源。

此外，道生友輩中的慧遠、慧觀、慧嚴、僧肇等人，也與道生思想之形成有緊密連繫。尤其是慧遠的法身思想和僧肇的般若觀，早在當代即已深受時人推仰欣賞；他們的重要論點，必亦為道生所熟稔，可能在無形中也蛻化成道生思想的部分淵源。

順著這個脈絡，底下便嘗試將道生源自師友傳承的影響，約化為六個層面略述之。

### （一）阿毗曇思想

據僧祐〈僧伽提婆傳〉載（《出三藏記集》卷十三，磧砂廿九冊，頁 343），僧伽提婆曾在太元十六年（西元 392 年），於廬山譯出《阿毗曇心》及《三法度》等有部經典，並曾於隆安元年（西元 397 年），應衛軍王珣之請，續譯《中阿鋡》一部。道生幽棲廬山七年期間，對這些小乘典籍，想必並不陌生。

於關「阿毗曇」一語，按照釋道安的說法是：

> 阿毗曇者，秦言大法也。眾祐有以見道果之至賾；擬性形容，執乎真像，謂之大也。有以道慧之至齊；觀如司南，察乎一相，謂之法。故曰大法也。（見道安〈阿毗曇序〉，《出三藏記集》卷十，磧砂廿九冊，頁 315）

至於其主要內容，道安則作如下之敘述：

> 佛般涅槃後，迦旃延（義第一也）以十二部經浩博難究，撰其大法為一部八犍度四十四品也。其為經也，富莫上焉，邃莫加焉。……
> 其說智也周，其說根也密，其說禪也悉，其說道也具。（出處同前）

可見阿毗曇的緣起，原就是為整理和解釋佛說而設計的。由於它起源自迦旃延，並經過了有部佛學的發展，所以許多重要的觀念，除了仍準則於原始佛教的規模外，並且也能把有部的教義表現出來，這是其最重要的特色。而其根本論點，則是主張將萬法分梳為色心二義，並強調「心」是一切萬法最根本的起源。這種觀念，不但在組織上達到了「周」、「密」、「悉」、「具」的地步，而且也為後來護法唯識思想的進入中土，預做舖路工作。

根據陸澄《法論目錄》之《色心集》（《出三藏記集》卷十二，磧砂廿九冊，頁 327）記載，梁以前學者間的色心論辯即已高達廿五次，可見毗曇思想在當時的佛學界中，確已相當盛行。道生既曾師事僧伽提婆，對此一思想自然浸潤亦深，他的頓悟思想中，有所謂「信解」與「見解」者，就與毗曇思想有關。

### （二）般若思想

般若思想是佛教慧學的主要骨幹，它是一種透視現象、實現生命的智慧。在兩晉南北朝時代，幾乎大部分的佛教學者，都精研般若；而此一思想，也在當時佛道二家之間，擔任邊際溝通的角色，形成非常獨特之中國式的格義佛學。關於格義佛學，前面略已提及，於此不作贅述。此處值得一提的是，這種般若思想因為囿於格義，再君以譯本的紛沓不一，常造成學者以己見觀解般若的現象，東晉時代，談般若者便已有「六家七宗」之分歧，足見中國

早期般若思想的混亂。道生經由竺法汰和慧遠所了解的般若思想，嚴格說來，仍屬這一類中國式的般若，與眞正天竺的學統，還是有一些距離。

後來，弘始年間，由鳩摩羅什所引進的《中論》、《百論》、《十二門論》、《大智度論》（以上皆龍樹作品），才將這段距離取消，並爲當代的般若學帶來新的刺激，拓啓空觀哲學研究的序幕。僧叡（鳩摩羅什弟子）的〈中論序〉云：

> 夫百樑之構興，則鄙茅茨之側陋；覩斯論之宏曠，則知偏悟之鄙倍。幸哉！此區之赤縣，忽得移靈鷲以作鎮；鏑詖之邊情，乃蒙流光之餘惠。而今而後，談道之賢，始可與論實矣。（《出三藏記集》卷十一，磧砂廿九冊，頁321）

所謂「茅茨之側陋」與「偏悟之鄙倍」，似乎即爲羅什前般若學研究之寫照，而僧叡推許《中論》的問世爲「移靈鷲以作鎮」、「談道之賢，始可與論實」，則可視爲時人對龍樹空觀哲理的普遍肯定。事實上，龍樹畢竟空的論點，在後來般若學的發展上，便是扮演領導的角色。與道生同事羅什的僧肇，就以「解空第一」而騰譽當時，他的〈般若無知論〉一文，曾深受道生珍愛而攜入廬山。〔註17〕由這些事實來判斷，道生對於當代的般若思想，一定也有相當的深透與認識（他在頓悟思想裏所提出的「理」，便和龍樹的空觀，有直接的關連）。

## （三）法身思想

法身思想，是依實相爲主要課題，原是般若體系內的一個重要主脈，由於它受到時人熱衷的討論，所以很快便晉升爲一個獨立的學門。與道生同時的慧遠，就是這一思想領域中的重要學者。而當時法身思想涵攝的範圍，相當龐大，除了討論法身之像類、壽量、形相、感應等問題外，並且還包括了國土淨穢等問題。參與這些討論，往往必須兼通毗曇、般若、法華諸學，並廣攝禪修內證及閱讀典籍的經驗，才能勝任。因此，此一領域的開拓，在道生當時是很具有挑戰性的新課題。慧遠著名的《大乘大義章》一書，就是法身思想流行學界的有力證明。〔註18〕

---

〔註17〕當時劉遺民曾在《致僧肇書》中說：「去年夏末，始見生上人，示無知論。才運清儁，旨中沈允，推涉聖文，婉而有歸。披味殷勤，不能釋手。」其中的「生上人」，即指道生。這段資料見於嘉興廿冊，《肇論》卷中，頁265。

〔註18〕《大乘大義章》即《遠什大乘要義問答》，又名《鳩摩羅什法師大義》，見大正八九冊，頁122～140。此書全爲慧遠與鳩摩羅什往反答問的記錄，這本書不但反映慧遠當時法身思想的盛況，而且也是今天學者了解慧遠淨土法門淵源的重要依據。

道生棲遊匡廬時，既曾值遇慧遠，那麼對於慧遠所專擅的法身思想，自然也耳熟能詳。遺著中的《佛無淨土論》及《應有緣論》，雖已亡佚難考，但據題名來看，與法身思想關係都很大。以道生經疏爲例，他就曾經用「理」的角度，接通法身思想，表現出「佛無淨土」和「應有緣」的觀念。《法華疏》中，道生如是說：

> 聖既會理，則纖爾累亡。累亡故，豈容有國土者乎？雖曰無土，而
> 無不土。無身無名，而身名愈有。故知國土名號、授記之義者，皆
> 應物而然。（卍續一五〇冊，頁 819）

道生的頓悟理念，便是從這種法身的論點中，逐漸蛻化出來的。在介紹道生頓悟理論基礎時，本文將從法身實相和「理」的結合另做深入討論，於此不必重覆絮說。

### （四）十住思想

「十住」，亦名十地，原是華嚴體系中的一環。道生當時，廣釋十住的經典有竺法護譯的《漸備一切智德經》及羅什譯的《十住經》（與竺法護譯本爲同本異譯）兩種，另外在《大智度論》及《十住毗婆沙》（二書皆羅什譯傳）也有相關的討論。依羅什譯《十住毗婆沙》卷一記載，十住（地）的界定是這樣的：

> 菩薩在初地，始得善法味，心多歡喜，名歡喜地。第二地中，行十
> 善道，離諸詬故，名離垢地。第三地中，廣博多學，爲眾說法，能
> 作照明故，名爲明地。第四地中，布施持戒，多聞轉增，威德熾盛
> 故，名爲炎地。第五地中，功德力盛，一切諸魔不能壞故，名難勝
> 地。第六地中，障魔事已，諸菩薩道法皆現在前故，名現前地。第
> 七地中，去三界遠，近法王位故，名深遠地（即遠行地）。第八地中，
> 若天魔梵沙門婆羅門，無能動其願，故名不動地。第九地中，其慧
> 轉明，調柔增上，故名善慧地。第十地中，菩薩於十方無量世界，
> 能一時雨法雨，如劫燒已，普澍天雨，名法雲地。（磧砂十六冊，頁
> 245）

以上是將菩薩不同階段的證量，分爲十種層級，其中，「七地」是引發道生當時頓漸之爭的主要核心，關於這一點，本文稍後將另闢專節詳細討論。

根據陸澄《法論目錄》（《出三藏記集》卷十二，磧砂廿九冊，頁327）載，梁以前的傳叔玉、謝慶緒、釋曇遇等人，已曾有專題討論十住的紀錄。而隋

碩法師《三論遊意義》所登錄的大小頓悟七家（大正八九冊，頁 121），也深刻反映道生當時十住思想被討論的情形。即以道生個人著述言，《頓悟義》、《頓悟成佛》、《釋八住初心欲取泥洹義》，亦莫不與十住息息相關。這些都可以說明，羅什所傳譯的十住思想，對道生影響程度是很大的，尤其是他的頓悟思想，如果沒有十住為媒介，根本無從展開。

## （五）法華思想

據費長房《歷代三寶紀》卷三記載，羅什是在弘始七年（西元 406 年）正月出《法華經》七卷（《歷代三寶紀》卷三，磧砂廿九冊，頁407），道生當時可能也參與譯事，因此他接觸法華思想的年代，可謂相當早。與道生同學的慧觀，在〈法華宗要序〉一文中，對法華的思想有簡單扼要的說明，他說：

> 翳有淺深，則昏明殊鏡。是以從初得佛暨于此經，始應物開津。故三乘別流，別流非真，則終期有會，會必同源，故其乘唯一。唯一無上，故謂之妙法。（《出三藏記集》卷八，磧砂廿九冊，頁 300）

其中，「應物開津」及「三乘同源」是法華義理中最精粹的部分，它暨能彰顯釋迦開權顯實的終極用意，而且也對佛陀的智慧和慈悲，做了貼切的說明。道生在元嘉九年注《法華經》的時候，曾將法華的義理，尊奉為「真實法輪」（《法華疏》，卍續一五○冊，頁 800），並說：

> 佛以濁世人無大志，而所以佛理幽遠，不能信之。抑使近人，作三乘教耳。雖曰說三，恒是說一。（《法華疏》，卍續一五○冊，頁 808）

所謂「雖曰說三，恒是說一」的實教精神，不僅凸顯了法華的論旨，而且也是頓悟思想中「理歸一極」觀的主要來源；道生的頓悟，之所以是十住的大領悟，與法華「恒是說一」的實教精神，是密不可分的。

由此可見，羅什所傳出的法華思想，對道生的影響也相當深遠。

## （六）涅槃思想

以兩晉南北朝佛學的發展順序言，涅槃思想是後出的，但卻由於其本體佛性的義理，深契於中國人的性格，並可補般若思想的不足；所以，流行時間雖短，卻迅速取得與般若思想桴鼓相應的重要地位。

一般而言，般若思想與涅槃思想，其表現的方式極大不同：前者是以遮撥的方式剖示現象的虛妄，呈現體法入空的境界；而後者則是依冷靜的觀照抉擿不變的實體，取得對眾生真常佛性的充分肯定。但仔細尋思，兩種思想

又非截然分為二橛，因為從破斥現象虛妄到建立佛性真常，其實整個過程就是一個交光互影的整體，不容割裂。這是道生思想由般若而進入涅槃的重要內在依據。

而據慧皎的《曇無讖傳》記載：

> 元嘉中……慧觀法師志欲重尋涅槃後分，乃啟宋太祖資給，遣沙門
> 道普，將書吏十人，西行尋經。至長廣郡，舶破傷足，因疾而卒。
> 道普臨終歎曰：涅槃後分，與宋地無緣矣。（《高僧傳》卷二，磧砂
> 卅冊，頁575）

又《慧嚴傳》記載：

> 大涅槃經初至宋土，文言致善而品數疏簡，初學難以厝懷。嚴乃共
> 慧觀、謝靈運等，依泥洹本，加之品目。文有過質，頗亦改治。（《高
> 僧傳》卷七，磧砂卅冊，頁605）

由此可知，道生友輩中的慧觀、慧嚴、謝靈運等人，對於發展涅槃佛性思想也始終不遺餘力，他們的投入，可能也都是幫助道生日上層樓的有利助緣。尤其謝靈運，其傳述道生頓悟義的《辨宗論》，更是深契道生的思想核心，成為今天研究頓悟思想必不可缺的依據，其重要性當不在話下。

綜上所述可知，道生思想之形成，與其師友傳承的關連是密不可分的。湯用彤在《漢魏兩晉南北朝佛教史》中曾說：

> 晉宋之際，佛學上有三大事。一曰般若，鳩摩羅什之所弘闡。一曰
> 毗曇，僧伽提婆為其大師。一曰涅槃，則以曇無讖所譯為基本經典。
> 竺道生之學問，蓋集三者之大成。（《漢魏兩晉南北朝佛教史》，頁
> 601）

道生之所以能集般若、毗曇、涅槃三者之大成，源自師友的幫助是很大的。尤其道生在後來，他能綰合當代佛學思想，並融攝傳統文化信念，推極致盡地開展領悟的義理格局，鼓鑄一代佛學的高潮，師友傳承對他的浸蘊之功，是不容輕忽的。

而經由本章對道生外緣背景的大致整理，我們對其生命全貌已有相當的認識。在這一基礎之上，我們可以進一步伸展觸角，從般若空觀和涅槃佛性兩個層面的深化，以凸顯頓悟思想的兩大理論基礎。本文的下一個步驟，便由此一理路予以展開。

# 第二章 頓悟思想的主要理論基礎

道生的頓悟思想，在當時可謂獨闢蹊徑、不逐時流，而推尋其所以立說的主要理論依據，則原來自於兩個思想體系的支持，其中一個是般若思想，另一則為佛性思想。

為了發掘道生頓悟思想的豐富內涵，同時說明其立說的來龍去脈。底下，我們便嘗試順著般若與佛性的線索，對相關資料做一有系統的歸納和過濾。希望透過這個步驟，能積極顯發道生頓悟思想的原型理念，並說明他在般若與佛性領域上鞭辟入裏的獨到見解。

首先，我們先由道生的般若思想開始。

## 第一節 般若思想

在上一章中，本文曾經提到，由於鳩摩羅什的提倡龍樹學，導使當時的般若思潮轉向畢竟空的義理上發展，並迅速在學界建立權威的領導地位。道生既然曾經從學於羅什，對於這門當代的顯學，自然也很熟悉，以他的頓悟論點為例，就處處可見般若神采的流露。因此，般若思想之掌握，原是進入道生頓悟域的必要管道。

而本單元為了進一步展開道生的般若思想，擬從下面四個論點分別闡明，這四個論點分別為：

一、絕待的空性
二、言語道斷的不二門
三、「生死即涅槃」的二諦相即義
四、法身實相之理

其中，一所處理的主題，重點是在強調出「空性」在道生般若思想中的關鍵地位。二則是依道生的思想理路，以探尋「言語道斷」的真實義諦。而三的基本論點，是沿用龍樹「生死即涅槃」的思維模式，以證示道生對於二諦相即乃至真空妙有的深刻體悟。至於四則是用「理」縮結法身、實相，以凸顯道生對空義哲理的如實認知。

般若空理是形成道生頓悟思想的一股重要力量。它的一些基本論點，常是以遮撥或絕待的方式呈現出來，這些迥異平常的表現方式，實即意謂著人類思維構造本身的革新。其中，「絕性的空性」就是很顯著的示例，底下，就先從「絕待的空性」予以展開。

## 一、絕待的空性

龍樹在《十二門論》中，曾說：

> 眾緣所生法，是即無自性。若無自性者，云何有是法。（磧砂十六冊，頁 149）

又於《中論》言：

> 眾因緣生法，我說即是空。何以故？眾緣具足，和合而物生，是物屬眾因緣，故無自性。（《中論》卷四，磧砂十六冊，頁 59）

這些見解，可代表佛教對緣起法的基本立場。

根據印順法師的說法，「緣起」的界定是這樣的：

> 起是生起，緣是果法生起所因待的。約從緣所生起的果法說，即緣生；約從果起所因待的因緣說，即緣起。……尅實地說：「此有故彼有，此生故彼生」二句，是緣起的主要定義。……所以佛說緣起，不但說「此有故彼有」的生起，而且說「此無故彼無」的還滅。依他而有生，必依他而無而滅，這是深刻的指出緣起的內在特性。（《中觀今論》，頁 60）

由此可知，緣起的本身是不能獨立自存的，它必須透過一定條件的縮結聚集，才能安立。所以，就其緣生的「果法」而言，緣起的存在並非永恒，因為「依他而有而生，必依他而無而滅」。基本上，緣起的道理雖可適用於宇宙的各方面，也可充分解釋宇宙一切有情眾生的所有經驗（在其體的現象界或抽象的心理層面上，緣起都是一個不變通則），不過，以究竟的佛學立場言，它的本身還是「無自性」的，龍樹所謂的「屬眾因緣，故無自性」，似乎可以充分反映這一深透的洞見。

至於何謂自性，依印順法師《中觀今論》的解釋，乃爲：

> 自性是自己如此的，也是本來的性質如此的。如哲學上所說的實
> 在、本體、本元等，皆與此自性的含義相合。（《中觀今論》，頁 64
> ～65）

在這裏，我們不難窺知，緣起和自性二者是不容並存的。前者必須要依他才能存在，後者卻完全可以自己規定自己，無怪乎龍樹會有「眾因緣生法，我說即是空」的見解。

道生對於這層道理，想必亦體驗深刻，他在《維摩疏》裏面，就曾說：

> 從他生，故無自性也。既無自性，豈有他性哉？然則本自不然，有
> 何滅乎？故如幻。（嘉興八冊，頁 75）

此處道生不僅洞徹了緣起，並以「無自性，豈有他性」的方式遣除一般人的相對觀念（如有無、高下、美醜、善惡……等等），以彰顯「本自不然，有何滅乎」的空性境界。基本上，這都是般若空觀最典型的理路，它先教人洞視緣起在本質上的虛妄，再進一步超越已經被泛濫行使的分別對待執著，期求在破除成心後，揭示一個消除對待的解脫之路。而此一究竟解脫之路，就是絕待的空性。通過它，般若思想中的無住無寄的畢竟空義理。才能作無礙的顯現。印順法師云：

> 緣起與空是相順的。因爲緣起是無自性的緣起，緣起必達畢竟空。
>
> （《中觀今論》，頁 80）

這點，和道生的思路是相應證的。

在道生著述裏，雖然沒有正式使用「空性」一語，但許多同型的觀念，卻都可以表現空性的特質。底下節引數則爲例：

1. 不偏見者，佛性體也。（《涅槃疏》，大正七三冊，頁 544）

2. 苟特定而來者，於定爲不等矣。……是都無所等也。既無所等，何有等定而可恃乎？（《維摩疏》，嘉興八冊，頁 75）

3. 十二因緣爲中道，明眾生是本有也。若常則不應有苦，若斷則無成佛之理。如是中道觀者，則見佛性也。（《涅槃疏》，大正七三冊，頁 546）

此處的「不偏見」，主要是指對一切實有見解的超越，這和畢竟空的意義是相通的。而「都無所等」的絕待精神，與空性的特質也剛好完全呼應。至於「中道」的觀念，運用不常不斷的遮詮方式，與龍樹在《中論》內提及的「八不」

〔註1〕一樣，同是對空性作一推極致盡的開展。可見道生雖不曾直接援引「空性」一語，但蕩相遣執的空性色彩，却充分流露在字裏行間。

　　而以行門的立場言，空性的獲得，最主要還是源自個體心靈的開悟與內證，進而才有可能驗證於實際的存在經驗上。因此，空性在本質上，便不能以言語思辨的概念來處理，這是爲什麼空性的發展，必然要走向「言語道斷」的主要原因。

## 二、言語道斷的不二門

　　嚴格地說，將空性視爲一種可依思維推理獲得，且可依言語加以相當控制的概念，此乃方便的想法。事實上，空性是一非經驗層的絕對智慧，很難以經驗層的言語思辨來進行接觸。但在無任何客觀可解的情況下，空性又不得不借助於語言文字及思辨的間接途徑，而顯示在眾人之前。所以，凡是依言語思辨而觀察空性者，總必須要先警覺到言語思辨自身工具性的局限，將眞理與工具劃分得歷然不潰，並且要勇於在悟入眞實空性的當下，做一個捨離工具的超越決定。《維摩詰經》之所以特別強調「言語道斷」的觀念，原意也就在破除人們對言語思辨的執著，而道生亦認爲「言旨既現，不復渾迹」（《涅槃疏》，大正七三冊，頁406），同樣主張對此執見的蠲棄。在《涅槃疏》之中，道生曾針對這個問題，作過以下的釐析：

　　　　文字語言當理者是佛，乖則凡夫。於佛皆成眞實，於凡夫皆成俗諦。

　　　　（大正七三冊，頁464）

此處的「理」字，是法身實相的空理（稍後將言及），也就是空性所證得的究竟實象。道生自己當然也十分明白，「文字語言」對於此種空性境域的傳送效果，是非常有限而不完整的；不過，假如能對之做謹愼的使用，經由它而觸及叡智的空理，那麼，「文字語言」仍不失其正面的積極意義。所以，「當理者是佛，乖則凡夫」，佛與凡夫之別，只在於能否具現「得意則象忘」、「入理則言息」的圓義罷了。道生認爲，只有懂得如何「忘筌得魚」的人，才有資格在般若的殿宇中登堂入室。

　　另外，道生在《維摩疏》之中，對於文殊與維摩詰在「言語道斷」觀照下所推出的「不二」法門，曾做了這樣的說明：

---

〔註 1〕所謂「八不」，龍樹之原文爲：「不生亦不滅，不常亦不斷，不一亦不異，不來亦不出。」見磧砂十六冊，《中論》，頁31。

前諸菩薩各說不二之義，似有不二可說也，若有不二可說者，即復
是對一爲不二也。是以文殊明無可說，乃爲不二矣。……文殊雖明
無可說，而未明說爲無說也。是以維摩默然而言，以表言之不實，
言若果實，豈可默哉？（嘉興八冊，頁 92）

按原經檢視，「二」所指的是經驗界的一切相對法、有爲法，而「不二」則是
般若空性。道生認爲，空性叡智的性體，是不能用語言表明的，因爲它本身
就是一個不斷超越遮撥的存在；所以，「無可說」是詮解空性時最佳的選擇（當
然必須充分顯發空性後，才可做此選擇）。然而，提出「無可說」這一說法的
本身也還是有問題，因爲在無形中，又會再墮入言語執著的困局內。道生認
爲其原因就在「雖明無可說，而未明說爲無說也」，這句話將空性之畢竟空原
理展示無遺，一方面是剝除了言語思辨的外衣，另一方面又澈底褫奪對空本
身的執障；因此，只有「維摩默然而言」才是眞正地朗現空性的究竟光明。
關於這一點，龍樹在《中論》裏面，有十分扼要而精簡的說明：

大聖說空法，爲離諸見故，若復見有空，諸佛所不化。（磧砂十六冊，
頁 46）

般若的空性，也就是在這種不斷持續的蕩相遣執中，而得到它意義上的超越。
順著這個義理，我們再來看此一空性運作的圓融境界──「生死即涅槃」。

## 三、「生死即涅槃」的二諦相即義

龍樹《中論》云：

諸法實相第一義中，不說離生死別有涅槃。（磧砂十六冊，頁 48）

此處，龍樹明白地標示出「生死即涅槃」的主題，藉之豁顯「實相第一義」
的平等特質，並開出空性運作的圓融境界。在這裏，「生死」代表凡夫所攝受
的世間事相，也就是世締，亦名俗諦。而「涅槃」則象徵聖智所內證的離言
空性，亦即第一義諦，又名眞諦。對於世諦與第一義諦，《大般涅槃經》卷十
三，有經文說明了兩者的關係：

爾時文殊師利菩薩摩訶薩白佛言：「世尊所說世諦第一義諦，其義云
何？世尊，第一義諦中，有世諦不？世諦之中，有第一義諦不？如
其有者，即是一諦。如其無者，將非如來虛妄說耶？」

佛言：「善男子，世諦者，即第一義諦。」「世尊，若爾者，別無二
諦。」

> 佛言:「善男子,有善方便,隨順眾生,說有二諦。善男子,若隨言
> 說,則有二種:一者世法,二者出世法。善男子,如出世人之所知
> 者,名第一義諦。世人知者,名為世諦。」(磧砂八冊,頁 596)

依經文可知,二諦(即世諦和第一義諦)原來只是佛「隨順眾生」的一種方
便之說,從純粹真理的角度來看,二諦是可以不存在的;這乃是文殊立「別
無二諦」說的主要理由。不過,大部分的眾生在真理之契悟上,並不見得都
如文殊一般,因此,「出世人之所知者」以及「世人知者」的二諦分說,仍是
一種顯示正觀的必要憑藉。〔註2〕龍樹在《中論》中說「若不依俗諦,不得第一
義,不得第一義,則不得涅槃」(磧砂十六冊,頁 58),即是闡明二諦確有
教示眾生逐步證入涅槃的功能。

　　當然,二諦義最終的關懷,還是在於如何建立「世諦者,即第一義諦」
這種相即的圓融。尠就此點,道生即曾以個人的般若體悟,做了實驗的說明:

> 空色不相離,為空即色,色即空。如《淨名經》云:『我此土常淨。』
> 此明淨土即在穢土處故。言此土淨,非是淨穢混成一土,何者?淨
> 土是淨報,穢土是穢報;淨土淨業感,穢土穢業感。既有淨報穢報、
> 淨業穢業,故不得一。但不相離為即。(《二諦義》卷下,大正八九
> 冊,頁 105)

依道生說法,二諦相即的主要原因,是由於二者之間在本質上的「不相離」
所致。此種相即的道理,推諸空色二法,是「空即色,色即空」,而放在淨穢
土上面,則是「淨土即在穢土處」。這顯然與空性泯却差別相的原理有關。而
道生在這裏特別傳送一個獨特的訊息,他告訴我們:真正的解脫其實就繫於
普通日用倫常的解脫之上,在智者的眼光中,世間的萬法皆是一如。此種訊
息的主旨,在於遮遣佛教的他世傾向,使世間法的價值也能得到積極的成全,
這可說是道生相即義的精髓所在。不過,在另一方面,道生也深知,只有通
過般若才能產生二諦相即的透觀,如果將般若的工夫去除,則二諦之間還是
橛然分立的(假如在此時仍要硬生相即義,將可能有流入承認現實或扭曲真
理的危險),所以,道生說「淨報穢報、淨業穢業,故不得一」,用意即在凸
顯二諦的分立面相,並藉之化解相即義可能的誤解。因此,道生之言二諦相

---

〔註2〕這一點,對於頓悟思想的強調「信解」漸修,有很大的啟示作用。事實上,
　　　在道生的觀念中,頓悟的出現,絕不可能離開俗諦(世諦)的漸修。關於「信
　　　解」義,下一章將進行專題的處理,不在此敍說。

即，除了標榜二諦的「不相離」外，也同時照顧「不得一」的事實，前者洞視萬法一體，後者則不捨其殊相。

有了這一層的觀照，再續讀道生的另一段文字，當倍覺有味，道生說：

> 順三脫門則到彼岸矣。若有到則至彼岸矣，若無到則不到也。無到不到，然後為到耳，此岸者，生死也；彼岸者，涅槃也。（《維摩疏》，嘉興八冊，頁96）

所謂「三脫門」，依智顗《法界次第初門》載，是空解脫門、無相解脫門、無作解脫門三種。其中，空解脫是觀一切法的緣起性空而悟入涅槃；無相解脫是藉了知五蘊根身的不實而離去人我執相，因此導入涅槃；至於無作解脫則是在一切生死法中，超離造作的心念而悟入涅槃。〔註3〕可見，這三種解脫門都是到達涅槃彼岸的必要努力，道生的「順三脫門則到彼岸」一語，即代表他對這些努力的正面肯定。然而，道生畢竟是一位深悟空性的智者，在肯定「三脫門」的同時，他又從另外一個角度，更深入地剖視「有到」及「無到」的問題。

道生在文字中所言之「有到」及「無到」二者，分別涉及兩個層面的理解，我們先看「有到」。在這裏，「有到」的思路，必須要銜繫在「順三脫門則到彼岸」這條脈絡中，才能清楚顯現。換句話說，「有到」的層面，在基本上是肯認了確有一涅槃可「到」，也確有一生死亟待解脫，它的重心是擺置在分別萬殊的事實經驗上。由修行趨證的立場言，「有到」所提示的意義，是對現實的厭離，以及對「至彼岸」的渴望。至於所謂「無到」的觀念，則很清楚是「二諦相即」義片面運用的結果；如果與「有到」相對照的話，則「無到」的層面顯然著重於強調二諦「同」的特點，而「有到」則凸顯「異」。因此，順「無到」的思路觀取涅槃和生死，二者並無差別，故而亦無離生死「到」涅槃的問題，所謂「無到則不到」者，正是此意。雖然以上兩種觀點，俱可言之成理，但是，都並非真正的究竟義。以空性的立場言，片面的標高生死與涅槃的「同」或「異」，都還是不透澈的作法；真實的圓解應是「不一不異」的，也就是對偏至的兩端同時進行一番超越，藉諸超越而開出二諦圓融相即的道路。道生的「無到不到，然後為到耳」所欲呈現的，即是此一義理。

---

〔註3〕原《法界次第初門》的「三脫門」解釋部分，文字過於冗長，難以全部錄出。本文在此僅略取其大意，讀者若有興趣研讀其原文，請參閱嘉興四冊，《法界次第初門》卷中，頁20。

　　由是可知，前述「世諦者，即第一義諦」的建立，本身即是一個「不一不異」的詭譎辨證，只有通過般若空性的觀照，才能獲致辨證的圓融。而就具體的實踐言，也因為這層圓融的觀照，促成了真空與妙有的實際結合。所以，對於一個深達空性實相的人而言，世間的生死塵勞，都無非是「第一義諦」的化現；而在他們的般若觀照中，最深刻的解脫，也都在極平實初淺的活動裏，以任運無作的姿態浮現出來。順著這個義理言之，應可肯定：般若空性的運作，終會朝著真空妙有互相圓諧的目標邁進。這也正是道生二諦相即義的必然趨向，他曾說：

> 言似有不來，而實常來為相，具眾德也。（《涅槃疏》，大正七三冊，
> 頁 532）

便是此種意義的實現。

　　關於真空妙有，日人木村泰賢曾說：

> 『真空』是什麼都沒有；『妙有』是在其什麼都沒有中，諸法卻歷歷
> 然存在著；而這兩個觀念，合一不離，是大乘哲學的特色所在。……
> 在大乘哲學中，有的是以注重著『真空』方面為主，來構成其世界觀；
> 相反地，有的是注重著『妙有』，來建設其體系的。但不管它是怎麼
> 樣，兩者不離，真空的極致即是妙有，妙有的背後即是真空，這一點，
> 諸大乘教認為是同一的。（《人生的解脫與佛教思想》，頁 163）

這段文字，不但對大乘教理是一簡切扼要的交待，而且對於道生的二諦相即義，也是恰當的說明。不過，我們另須注意的是，道生二諦相即義對於他自己全盤思想的影響，也十分可觀。譬如他融合般若、涅槃為一的作法，很顯然便是這個義理的延伸。湯用彤說：

> 其（道生）於涅槃，能以般若之理融合其說，使真空妙有契合無間。
> （《漢魏兩晉南北朝佛教史》，頁 663）

可見，二諦相即所表達的真空妙有，是可以由空、有二界的圓融，進一步跨升為兩個思想體系的接合（涅槃代表佛性思想，般若代表空性思想）。所謂「真空妙有契合無間」者，應即是道生二諦相即思想最終的歸趨。

　　當然，亦正如木村泰賢所說的，「真空的極致即是妙有，妙有的背後即是真空」，二諦之間不一不異的存在型態，原即是空性運作下的圓融表現。道生的〈二諦論〉一文，今天雖已亡佚難考，但在不一不異的根本論點上，應該是認同的。

　　底下，續由「法身實相之理」論介道生般若思想。

## 四、法身實相之理

這個小節的論題，包含了三個詞：法身、實相、理。我們先個別分述，最後再進行整合的探討。

首先，我們要說明法身。

以佛的三身觀而言，法身是佛的三身之一，又名法性身，據《金光明最勝王經》卷二載，法身的義涵如左：

> 善男子，一切如來有三種身。云何爲三？一者化身，二者應身，三者法身。……云何菩薩摩訶薩了知法身？爲除諸煩惱等障，爲具諸善法故，唯有如如如如智，是名法身。前二種身是假名有，此第三身是眞實有，爲前二身而作根本，何以故？離法如如，離無分別智。一切諸佛，無有別法；一切諸佛，智慧具足；一切煩惱，究竟滅盡，得清淨佛地。是故如如如如智，攝一切佛法。（磧砂九冊，頁514）

按上敍述，我們可以重點式地歸約爲幾個特性：第一、法身是照顯法性（如如）的無漏智慧（如如智）。第二、法身是化身、應身的根本原動力，而且也是唯一眞實存在的佛身。第三、法身遍攝一切佛法。

關於這些特性，在道生的著述裏，都可以尋出相符應的看法。道生說：

> 法者，無復非法；性者，即眞而無變。（《涅槃疏》，大正七三冊，頁419）

又說：

> 法性照圓，理實常存，應感不暫廢。（《涅槃疏》，大正七三冊，頁420）

以道生觀點言，法性是諸法剝除虛妄外表後的不變本質（當它內具於有情眾生時，就名之爲佛性，此處是單就諸法的實象而言），而法身則是圓照法性且「理實常存，應感不暫廢」的不二空理。此外，他又說：

> 法身周密，彌滿法音，普暢無偏也。（《法華疏》，卍續一五〇冊，頁818）

足見在道生的觀念中，法身不僅是圓照法性的空理，它本身亦具足了「常存」、「普暢無偏」等眞諦。這些論點與前述法身特性，在基本上都是搭配的。

與道生同時的慧遠，曾與鳩摩羅什往復多次討論「法身」的問題，他對於法身的理解是這樣的：

> 其義有三：一謂法身實相無來無去，與泥洹同像。二謂法身同化，
> 無四大五根，如水月鏡像之類。三謂法性生身是真法身，能久住於
> 世，猶如日現。此三各異，統以一名，故總謂法身。（《大乘大義章》，
> 大正八九冊，頁 122）

雖然在表達的結構上異於道生，但實質的義涵並無重大改變。由於道生曾經與慧遠交往甚密，兩個人思想互相影響或重疊的可能性很大，理論上的偶合原本不足為奇。不過，於此特別值得重視的是，慧遠在這裏已經將法身和實相聯用，尅此觀之，對於證示法身實相的同質性而言，應是一個很有力的暗示。底下接著談實相。

根據《妙法蓮華經》卷一載，實相的內容是：

> 諸法實相；所謂諸法如是相、如是性、如是體、如是力、如是作、
> 如是因、如是緣、如是果、如是報、如是本末究竟等。（磧砂九冊，
> 頁 132）

此處運用了十個「如是」，用意並不在構作一客觀之理論定義，而是企圖藉此層層廓清諸法的本然面貌（即前述之「法性」）。道生注這段經文時，曾說：

> 唯佛了此諸義，曉其源極。（《法華疏》，卍續一五〇冊，頁 806）

所謂「曉其源極」，即指對諸法本然義蘊的闡明。如此更深一層透視，則實相與法身是無從儼予劃分的，因為它們都同樣致力於終極法性的探求與發現。因此，實相與法身，就其究極結論而言，應是一般無二。湯用彤說：

> 真如法性，妙一無相。於宇宙曰實相，於佛曰法身。實相法身，並
> 非有二。（《漢魏兩晉南北朝佛教史》，頁 634）

就是根基於這樣的了解。

當然，在道生的著述文字中，仍然找不出將法身和實相並列聯用的例子，不過他却技巧性運用「理」字，做過縮結二語的媒介。底下試引三則解說之：

1. 理無二實。理唯一無二，方便說為二耳。（《涅槃疏》，大正七三冊，頁 487）

2. 實相無二乘之偽，唯一乘實也。（《法華疏》，卍續一五〇冊，頁 806）

3. 唯法身為大，更以異方便助顯第一義。……推二乘以助化，謂之異方便。（《法華疏》，卍續一五〇冊，頁 808）

此處，明顯可見的是，不管實相或法身以何種方式呈現「方便說為二」

的二乘問題，〔註4〕但其最終肯定「一乘實」、「第一義」的目標，實並無差別，此亦即「無二實」或「唯一無二」的理，所欲豁顯的究竟關懷。依道生的見解而論，這個「理」的本身，實際上便是由法身實相照顯出來的般若空理。湯用彤在《漢魏兩晉南北朝佛教史》曾說：

> 生公湛思入微，慧解敏銳，深有得於般若之學。徹悟實相，以理爲
> 宗。（《漢魏兩晉南北朝佛教史》，頁 629）

這對道生的般若空理，是一個相應的體會。

　　而道生所以能融攝眞常不滅的佛性思想，使之安立於一切皆空的般若思想上，與此空理的充分發揮作用，亦有很大關係，在《法華疏》中，他說：

> 一切眾生，莫不是佛，亦皆泥洹，泥與佛，始終之間，亦奚以異？
> 但爲結使所覆，如塔潛在或下，爲地所隱。大明之分，不可遂蔽；
> 必從挺出，如塔之踊地，不能礙出。本在於空理，如塔住於空中。（卍
> 續一五〇冊，頁 824）

藉著「本在於空理」的超越觀照，不但一切眾生「莫不是佛，亦皆泥洹」，而且夙爲結使煩惱所蔽覆的「大明之分」（即佛性），也一樣可以作無礙的顯現。由是可見，此一般若空理的掌握，實乃進入道生佛性思想的不二法門。當然，順其二諦相即的思路以及究竟空理的發展，主張不滅義的佛性思想和強調畢竟空的般若思想，最後的圓融是可以想像的，道生自己就曾說：

> 佛說不滅義與一切皆空之說，妙善同也。（《涅槃疏》，大正七三冊，
> 頁 400）

這句話，將佛性與般若兩個思想，做了緊密的縮合，並消解掉二者表面上的絕峙對立，也無疑是爲「理無二實」的觀念做了一次鮮活的示範。

　　以上，我們分別由四個論點展示道生的般若思想。其中的二諦相即義和法身實相之理部分，都陸續地推出般若與佛性思想會通的結論。這一事實告訴我們：代表眞空的般若思想與代表妙有的佛性思想，終必在最後的終極境界上，圓融爲一。道生在頓悟思想中所開出的「理不可分」及「理歸一極」等論見，便和般若有關。

　　底下，歸納本單元之敘述如左：

---

〔註4〕「二乘」在此是指緣覺、聲聞。如果再加上菩薩乘，則總稱爲三乘。不過，不管是二乘或三乘，從「佛」的立場來看，他們都還是不究竟的。

第一、龍樹的空**觀**哲理，是構成道生般若思想的主要骨幹。而絕待、離言的空性，則是道生**般**若思想的神髓。

第二、道生的二諦相即觀念，能遮遣佛教的他世傾向，並促進真空與妙有的實際結合。

第三、道生的法身實相之理，是融攝般若、佛性思想為一的重要據點。這個「理」的本身，實際上便是由法身實相照顯出來的般若空理。

行文至此，我們對道生的般若思想已經有了相當的認識，不過這些觀念，仍必須要安配在道生的另一思想體系——佛性思想上，才能從而見出頓悟思想的全盤理論基礎。所以，下個步驟，我們便直接導入道生的佛性系統內，進行更深一層的探討。

# 第二節　佛性思想

在未進入本單元的論題之前，宜應先知：道生當時的佛性思潮，在學界中的研究情形究竟如何？

與道生大約同時的慧叡，在〈喻疑論〉中，曾經提及涅槃系統的佛性思想，在當時被討論的情形：

> 皆有佛性、學得成佛、佛有真我，故聖鏡特宗，而為眾聖中王。泥洹永存，為應照之本，大化不泯。真本存焉而復致疑，安於漸照而排跋真誨，任其偏執而自幽不救，豈可如此乎？……若於真性法身而復致疑者，恐此邪心無處不惑。佛之真我，尚復生疑，亦可不信佛有正覺之照而為一切種智也。……但知執此照惑之明，不知無惑之性，非其照也。為欲以此誣調天下，天下之人，何可誣也！（《出三藏記集》卷五，磧砂廿九冊，頁283）

由這些敘述看來，顯然道生當時的學界，仍普遍存在著般若與佛性水火不容的事實，所謂「安於漸照而排跋真誨」、「但知執此照惑之明，不知無惑之性」者是。今天，我們在千百年後閱讀這些記載，可能認為這不過是歷史上的小插曲而已，但在道生而言，這却是當時正如火如荼燃起的教理衝突。所以，道生的佛性思想在這裏，也就愈發顯得可貴，尤其是他熔兩種思想於一爐的作法，以及在一片物議聲浪中，巨眼先矚地提出闡提成佛的見解，都很足以使他的佛性思想睥睨於當代而垂世不衰。

另外，道生的佛性思想與中國傳統儒學，也有基本精神上的密切呼應。

近人唐君毅云：

> 道生主一切有情眾生皆有佛性，以與其時由印度傳入之一闡提人無
> 佛性之說辯。此即直本于孟子人皆可以爲堯舜之旨，以言一切有情，
> 同具佛性，爲其眞我。（《中國哲學原論》，〈原道篇〉卷二，頁42）

可見，道生的佛性思想，原亦富含於豐富的傳統色彩。

本單元的設計，根據於前述的考慮，並酌情於道生佛性架構的主要精神，擬分兩部分敘述之。底下條列細目：

第一部分、本體義的佛性思想

（一）先驗實存的特性

（二）恒存不斷的常住義

（三）眾生皆有佛性

第二部分、工夫義的佛性思想

（一）漸修漸入的具體行持

（二）般若直觀的基礎

（三）大解脫的涅槃境界

其中，第一部分本體義的佛性探討，可以清楚豁顯道生相通於儒家的思想原樣。而第二部分，則是希望透過更深一層的討論，結合佛性、般若兩個體系，做爲發展其頓悟思想的理論基礎。

按照編排設計的次序，底下即先進行第一部分的探討。

## 一、本體義的佛性思想

近人錢穆云：

> 佛教東來，又是一番新刺激。對大群體共相之舊傳統，因新宗教之
> 侵入而復甦。起先用老莊會通佛教，其次再用孔孟會通佛教。其先
> 如支道林、僧肇，緊接著的是慧遠與竺道生。……遠生兩人，根本
> 在能就中國傳統文化精神來讀佛經，故能從佛經中籀出中國傳統精
> 神之最要義。（《國史新論》，頁40）

又說：

> 從竺道生到慧能的佛學，主張人人皆具佛性，仍是中國傳統變相的
> 性善論。（《國史新論》，頁94）

由這兩段引文看來，錢穆顯然相當肯定道生融貫儒佛的成績，尤其「佛性」，

更是融通儒佛爲一的根本接點。由本體的觀點衡估，道生的佛性義確實仍大半追隨著傳統儒家「人皆有良知良能」、「塗之人可以爲堯舜」的精神，儘管陳說的方式不一，但這基本的認同，並無兩樣。道生在大經未至之前，就能夠預取「一闡提人皆能成佛」的見解，顯然與傳統孔孟的思想，有不可解的關係。錢氏所稱「中國傳統變相的性善論」，正是對此一意義的透視。底下即分從三個層面，依本體義的角度探察道生佛性思想義蘊。

## （一）先驗實存的特性

道生在《涅槃疏》中說：

> 不易之體，湛然常照，莫先爲大。但從迷乖之，未在我耳。苟能涉
> 求，便反迷歸極。（大正七三冊，頁 377）

此中的「不易之體」即指佛性。道生用「湛然常照」以形容佛性，告訴我們：佛性本身即是一個儼然的事實，它不是假定或預設，而是究極實在的一種普遍的本質。至於佛性在認知系統下的成立問題，道生則以「莫先爲大」的先驗論點，排除了經驗論的涉問。由是可知，佛性的存在，依道生的看法，應是一先驗的實存。不過，道生也同時明白，佛性會因「從迷」的外在阻礙而顯得曖昧費解；所以，他除了從純粹本體的角度說明佛性外，另外也很重視涉求反迷的實踐問題。關於佛性的實踐問題，留待下一節處理。此處我們要注意的是：究竟道生的這種說法，與儒家產生什麼樣的關聯。

據《孟子·盡心篇》載，〔註 5〕「良知」的定義是「所不慮而知者」。可見孟子認爲人性之中是有一種與生俱來的良善，可以不經人爲的造作而自然抒發出來。孟子所謂「孩提之童，無不知愛其親也；及其長也，無不知敬其兄也」正代表這一實存義諦的兌現。可惜的是，孟子本人對於「良知」這個積極性的概念，並沒有十分徹底的探討，他正式提及「良知」的見解，亦僅在〈盡心篇〉中稍見片鱗而已。〔註 6〕反倒是道生，他相應於「良知」的主要精神，重新發掘「佛性」的問題，使「佛性」的領域轉化成爲傳統哲學思維的一部分。前述錢穆所云「能就中國傳統文化精神來讀佛經」，如從此種會通的觀點加以理解，應可認許。

據上所述，道生本體意義之佛性，與儒家的良知，在基本精神上並無太

---

〔註 5〕在《孟子》書中，正式使用到「良知」一語的，只有〈盡心篇上〉。
〔註 6〕從中國學術史的角度來看，真正將「良知」做一徹底討論與發揮的，應是明
　　　 代的王守仁。至於孟子，僅具首創之功而已。

大的歧異。他接引良知先驗實存的特性，並深化佛性所應具有的眞諦，已爲佛學之中國化跨出一大步。〔註7〕當然，道生藉此傳統力量分別展開的新解，尚不僅這一點，底下續由佛性的常住層面證示之。

### （二）恒存不斷的常住義

《涅槃疏》中，道生云：

> 不以受身不同，使眞我斷也。……佛性不爲邪見所穿掘。……雖復受身萬端，佛性常存。若能計得此者，實爲善也。（大正七三冊，頁454）

此處，道生反覆申陳佛性（其中的『眞我』亦即佛性）的存在特性。依其思路層序，我們可以逐一用「不斷」、「不壞」及「常住」等簡單用語，安配其意義。由此，可以清楚見出道生一方面企圖廓清佛性與現實經驗的纏結，一方面又試圖將佛性帶入一個無限綿延的恒存境地，所謂「佛性常存」者是。這個層面的挺出，大有利於破斥偏至的斷見，關於這點，道生曾以「刀」喻之：

> 眞我常住，能斷眾生之斷見惑，譬之刀也。（《涅槃疏》，大正七三冊，頁463）

當然，關於佛性是否眞實常住的問題，對習慣理性認知的人而言，恐怕不免陳義過高，難被接受。尤其是在客觀論證缺乏的情形下，單依人爲尺度來測量理解，可能永遠不能跨入常住的實在領域。所以，道生勸人暫祛「理解」的方式，改由「信解」進入，他說：

> 若聞佛性而信解，則是菩提心發。（《涅盤疏》，大正七三冊，頁467）

這顯然是以宗教上的實際活動，替代了純理的思維反省。

　　道生的這些說法，假如與孟子的論述兩相比較，不難得出相近的見解。

　　據《孟子·告子上》所載：

> 雖存乎人者，豈無仁義之心哉！其所以放其良心者，亦猶斧斤之於木也，旦旦而伐之，可以爲美乎？……人見其禽獸也，而以爲未嘗有才焉者，是豈人之情也哉？故苟得其養，無物不長；苟失其養，

---

〔註7〕本文所謂佛學中國化，主要強調重點在道生本體義佛性思想上，因爲其散發出來的基本精神，可以和中國儒家的性善論，取得會通的共識，而「中國化」者，即依據於此種類型的共識而展開。本文限於研究範圍，「中國化」問題之討論，只集中在道生本體佛性思想之上，其他諸如制度、儀軌等層面，概不涉及。

> 無物不消。孔子曰：「操則存，舍則亡；出入無時，莫知其鄉。」惟
> 心之謂與！

依孟子之說，人的「良心」（仁義之心）能否呈現，主要還是取決於個體實踐的意願和行動上面。所謂「苟得其養」或「操則存」，原不外是希望藉諸具體行持而予良心積極肯定。同時，我們由孟子「求其放心」的說法，亦可體會到，良心自身不壞不斷乃至「恆存」的特質。由此可見，通過孟子而深化佛性的觀念，並不見得是不可能的事。事實上，道生承接這股傳統的思維脈絡，反倒更加能貫徹其開顯佛性的立場。所以，儒佛在本體論上的共通傾向，實在很有利於兩家會通工作的進行。這一點，對於一向以爲兩家是分河飲水的人而言，無異是提供一個饒具反省意義的參考據點。

綜合以上的敘述，道生的佛性觀念，與傳統儒家的本體思想，在精神上的確有相當程度的吻合。錢穆稱讚道生是「用孔孟會通佛教」，洵非虛言。而就道生思想言，整個會通交流的最後活動焦點，應即是「眾生皆有佛性」的推出。

### （三）眾生皆有佛性

道生在《法華疏》中曾說：

> 眾生大悟之分，皆成乎佛。（卍續一五○冊，頁 824）

這裏的「大悟之分」即指佛性。道生認爲「大悟之分」的佛性，是普遍內具於一切眾生有情的不變本質。藉此，他透視了世間有情的存在莊嚴，給予最高的肯定，並堅信有情眾生一定都可以圓現「皆成乎佛」的究極目的。這一點，和儒家肯定人可以成聖的論調，是相接通的。其次，道生在表達「眾生皆有佛性」這一理念的同時，對現實生命的黑暗面（即無明）也有相當的正視與深透，他說：

> 眾生本有佛知見分，但爲垢障不現耳。（《法華疏》，卍續一五○冊，
> 頁 807）

又云：

> 但爲結使所覆，如塔潛在或下，爲地所隱。（《法華疏》，卍續一五○
> 冊，頁 824）

其中的「垢」或「結使」均可包攝於無明的範疇內。根據《阿毗曇甘露味論》卷上對無明的解釋，其界定是：

> 不知四諦內外法、去來今佛法眾因緣，如是種種實法不知，是謂無
> 明。（磧砂廿六冊，頁 670）

可見，凡是違離了究竟的實法而無所覺知的，都可稱之爲無明。假若佛性比喻爲太陽，則無明就如同烏雲，隨時均可遮蔽佛性，使之「垢障不現」。所以，道生依此而進一步展開消解無明結惑的工作，他說：

> 除結惑之覆，爲掘見佛性故，爲出金藏故。（《涅槃疏》，大正七三冊，
> 頁 449）

之所以要「除結惑之覆」，原意只在於希望經由負面陰暗的化除，而給予佛性以提撕點潤，所謂「爲掘見佛性故，爲出金藏故」。自然地，這層道理已不純是本體論的問題，它同時又涉及工夫實踐的層面。從此亦可看出，道生佛性思想的探索推演，最後一定會兌現爲實踐性的具體行動。通過實踐體驗，才有可能眞正肯定並挖深「眾生皆有佛性」的義理，使之成爲符應生命境況的實存眞諦。

由於道生對「眾生皆有佛性」的深刻肯定，使他得以跨越法顯《六卷泥洹》的格局，提出「一闡提皆能成佛」的看法。這個精銳的洞見，是推動涅槃哲理在南朝應時興起的重要原因之一。當然，這些思想的成立背後，顯然也受到儒家性善論無形中的支持和鼓勵，錢穆說道生的佛學「仍是中國傳統變相的性善論」，即指此而言。吳怡在《禪與老莊》中，亦曾說：

> 道生爲什麼敢違背經義，不顧眾議，斷然的認爲「一闡提人皆得成佛」呢？這並非他眞有神通，看見了尚未傳入的《大般涅槃經》中早已有這種說法，而是由於他透過了中國思想的境界，知道如果佛學眞有大乘精神的話，必然會有這樣的結論。（《禪與老莊》，頁 62）

關於闡提成佛一事，若不從神通觀點視之，則傳統性善理念的熏陶，應是一個很好的解釋。吳怡所謂「透過了中國思想的境界」，想係即是指涉儒家性善理念言。此一趨向充分證示：儒家的性善理念在佛學領域內，一樣可獲相當高度的開展。從這個意義來看，儒佛之間不但沒有對蹠，而且還是相輔相成。

又按慧皎《高僧傳》載，道生有〈佛性當有論〉一篇，雖已亡佚，但根據題名來推想，應與本小節的觀念沒有差別。近人呂澂曾說：

> 「當有」是從將來一定有成佛的結果說的，從當果講佛性應該是有。《涅槃經》就如來藏方面立說，本有此義，但因翻譯時，對如來藏這個新概念認識模糊，譯語前後不統一，意義就隱晦了。道生卻能夠從中體會到說如來藏的用意，從而提出當果是佛，佛性當有的主張來。（《中國佛學思想概論》，頁 127～128）

文中所謂「如來藏」是指佛性背覺合塵的另一面相，它與佛性在本質上是完全一樣的。依呂澂之説，道生的「佛性當有」説，是從眾生都可成佛的立場（即「當果」）以確認眾生都有佛性。這是由果導因的論證方式，與前述由因致果的思路，恰成一種圓融。

這個觀念，便是「頓悟成佛」所以可能的主要依據，而它在後代也仍有很權威的影響力，例如天台智顗，他在《金光明經玄義》卷上，言及「正因佛性」時，就曾説：

> 佛名爲覺，性名不改。不改即是非常非無常，如土內金藏，天魔外
> 道所不能壞，名正因佛性。（磧砂三冊，頁261）

這很可能是先從道生吸收了佛性理論的血液，再塑入新的間架裏。由此不難窺知，道生佛性義雖曾一度遭受嚴苛的訾議和毀謗，但其亘古的洞見仍經得起時間考驗。

不過，正如前面所引述的，道生佛性思想的摹構推演，就整體的發展而言，並不會只局限在本體義裏面，因爲它終究要遞進到具體實踐的工夫歷程上，以求取客觀的證驗。順此思路，底下即續從工夫義角度論介道生佛性思想。

## 二、工夫義的佛性思想

釋印順在《教制教典與教學》中，曾云：

> 就佛教而論，佛學本非純知識的，一向是經驗與知識相結合，所以，
> 非『學』、『用』相結合，不足以表彰眞正的佛學。（《教制教典與教
> 學》，頁186～187）

所謂「經驗與知識相結合」，並不僅限於説明佛學，事實上，它可以廣義地適用於東方哲學（尤其是中國）的基本體驗型態上；以儒家爲例，孔子即曾有「道不遠人」及「能近取譬，可謂仁之方也」等的陳述。〔註8〕足見這種知行相結合的觀念，本身是一個包容性甚大的文化共識。當然，跨視中國傳統與印度佛學的道生，更加清楚地表現出這種特色。在《涅槃疏》裏，他一方面説「弘法在言，得旨爲解」，一方面又強調「弘法貴在修學」（以上《涅槃疏》引文，具見大正七三冊，頁532），即是最明顯的例證。

順著這個角度觀看道生的佛性思想，則當更能看出他在工夫義上的卓越見解。下面，分由三點臚述之。

---

〔註8〕以上孔子語，分見《中庸》第十三章及《論語‧雍也篇》。

### （一）漸修漸入的具體行持

《法華疏》中，道生說：

> 眾生於過去佛植諸善根，一毫一善，皆積之成道。（卍續一五〇冊，頁 808）

而在《涅槃疏》裏，也同樣認為：

> 因緣不得相離，因緣有故，學得成佛。……佛性妙絕，備眾善乃見。（大正七三冊，頁 461）

由此可見，道生的佛性思想，並不是只有片面標高本體義的層面而已，他同時亦周顧到「一毫一善」的具體修持。在他認為，這些「一毫一善」的累積，本身就都是一種高度的生命體驗，因為它們全是幫助眾生「成道」、「成佛」的正面資糧。因此，才會推出「佛性妙絕，備眾善乃見」的論點，此處的「佛性」，已不單只是理論的意義，因為它本身也同時具足了實踐的色彩。

依此看法，道生的佛性思想，若由修行趨證的歷程上面著眼，則「漸修」應是一個相當必要的階段。《涅槃疏》中的另外一句話，亦為有力證明：

> 先見不空，然後見空，乃第一義，佛性始見。（大正七三冊，頁 544）

「不空」代表日常經驗裏漸進式的一切相對法，雖然並不是究竟的，但它卻是我們遞升至真理的必要管道，沒有「不空」的襄佐，對於究竟的真理領域，可能連一步都踏不進去。所以，雖然在理論上標高了究竟真理的地位，但在實際操作上，仍必須遵循漸入的程序，這是朗現佛性的真諦妙竅。在下一章裏，我們將論介道生的頓悟思想，其中，有「悟不自生，必藉信漸」一義，便和這個觀念密切符應。

從以上的闡述可以證明：道生工夫義的佛性思想，本質上是肯定漸積漸修的。後代研究道生的人，往往以為其「頓悟」思想，必與漸學之路產生抵觸對立。如果從以上觀點予以比驗，則誤解當不攻自破。

另外，由「第一義，佛性始現」來看，般若的直觀基礎，顯然也是促進佛性開顯的一股推動力量，為深一層討論這個道理，底下續從「般若直觀的基礎」進行。

### （二）般若直觀的基礎

日人梶山雄一在《佛教中觀哲學》一書中，大量引介龍樹般若思想，在第二章裏曾說：

> 一般被認為是正確的常識與慣行，其實不過是遮蓋真實的誤解而

已。在直觀中顯靈的眞的實在，一成爲思惟與言語的對象時，便即被遮蔽隱沒。(《佛教中觀哲學》，頁 96)

又第四章中，亦云：

作爲直觀自身，這超越乎有無的表現，只是在反省的立場下，被稱爲空，被稱爲光輝的心靈。(《佛教中觀哲學》，頁 147)

足見般若直觀的運作，其本身就是一種超越的心靈。通過直觀所謂「反省的立場」，我們可以見出二元區別(如有無、常斷、生滅等等)的逐漸取消，並能在脫去思惟言語的超越境界中，體驗出一個不可言詮思議的存在自體。這樣的存在自體，依道生的語言系統觀之，即等於工夫義的佛性了。在《涅槃疏》裏，道生曾以「十二因緣」爲例，作過這樣的剖視：

十二因緣爲中道，明眾生是本有也。若常則不應有苦，若斷則無成佛理，如是中道觀者，則見佛性也。(大正七三冊，頁 546)

不執「常」也不執「斷」的中道觀，是企圖由超越相對的觀照活動，指出一個無對立存在的絕對境界。這個境界，原即是我們內部生命最原初的自然本態，道生就將之命名爲「佛性」。由此可見，道生工夫義的佛性展現，與般若直觀的終極體會，是共棲於同樣絕待的境界裏面的。道生另有「不偏見者，佛性體也」的話，對此原理也有相同的說明性。

既然在直觀活動裏，所「顯靈的眞的實在」，即道生工夫義佛性所課求的主題。那麼般若空理的窮究，也就成爲佛性實踐與否的重要關鍵了。道生在《涅槃疏》裏，就曾經很明白地表現了這種看法：

性本是眞，舉體無僞。未能究理，何以爲實也。(大正七三冊，頁 532)

在佛性的「性本是眞，舉體無爲」的表達底層，必須要有深刻無比的空理直觀體驗做爲基礎才行。如果「未能究理」的話，則佛性終將不免於虛化萎謝。所以，道生在強調其頓悟理念時，也堅持主張十地的究竟頓悟，因爲他認爲，只有窮理盡性的「滿證」，才是跨入成佛境界的唯一保障。關於十地領悟，下一章有充分敘述的機會，於此不贅。

總之，由工夫義的立場來看道生的佛性思想，其要求實踐的取向，可謂相當明顯。近人方東美云：

他(道生)能夠根據他所瞭解的佛學，提出一個生命計劃、一個生命理想、一個生命精神，而處處都可以證明他富有佛家很高的智慧。

他最後的理想就是，一切人根據宗教的修養與智慧的鍛鍊，最後都
可以達到同樣的結果——都可以成佛。（《中國大乘佛學》，頁 158）

這是一個相當明銳的理解。的確，道生的佛性理想，只有透過實際的「宗教的
修養與智慧的鍛鍊」，才有可能完成。易言之，也就是要通過「漸修漸入的具體
行持」和「般若直觀的活動」，才能靈交諸佛、融透自性本體，如實地成就道生
「最後的理想」——大解脫的涅槃境界。道生對於此種圓現「無我」、「常樂我
淨」的成佛境界，也曾經有過描寫，底下，便接著由此層面加以論述。

### （三）大解脫的涅槃境界

《大般涅槃經》卷五云：

涅槃者，即真解脫。真解脫者，即是如來。……善男子！不生不滅，
即是解脫，如是解脫，即是如來。（磧砂卅五冊，頁 220）

此外，同經卷八亦云：

善男子！雖修一切契經諸定，乃至未聞大般涅槃，皆言一切悉是無
常。聞是經已，雖有煩惱，如無煩惱，即能利益一切人天。何以故？
曉了己身有佛性故。（磧砂卅五冊，頁 271）

在這裏，「涅槃」代表個體由無明以迄解脫之轉醒過程的最高成就，經云「不
生不滅」、「雖有煩惱，如無煩惱」，即是這一最高成就的簡約說明。而所謂的
「曉了己身有佛性」的意義，在「涅槃」的顯照下，也直接地內化於主體而
呈現為「真解脫」的自覺內容。這些都很足以證示：「涅槃」境界的覺證，原
即是般若與佛性充分實現後的必然結果。所以，《入楞伽經》卷三云：

無捨無得故，非斷非常故，不一不異故，說名涅槃。（磧砂十冊，頁
393）

而《大般涅槃經》卷廿六亦作：

見佛性故，諸結煩惱所不能繫，解脫生死，得大涅槃。（磧砂卅五冊，
頁 347）

如此地反覆論證，大抵可見出「涅槃」一語所涉及的內涵和成立的必要根據。
倘使專約於道生佛性工夫義的立場言，那麼這一「涅槃」境界的實現，應就
是其最終極的關懷了。他說：

成佛得大涅槃，是佛性也。（《涅槃疏》，大正七三冊，頁 547）

職是之故，究竟的佛性實踐，最後一定也將圓證「無我」乃至「常樂我淨」
的涅槃境界。為實際的說明方便起見，底下先從「無我」談起。

道生云：

> 生死不得自在，故曰無我。（《涅槃疏》，大正七三冊，頁 405）

從這裏，可清楚看出，「無我」原是為生死不自在的理由而存在。透過「無我」，可朗現蛻脫我執，充分自在的涅槃境界。關於這一點，印順法師的下述見解，是可以相應證的：

> 對於佛果的大般涅槃，切勿作我想，我想與涅槃是永不相應的。……
> 入了涅槃，無牽制、無衝突、無迫害、無苦痛，一切是永恒、安樂、
> 自在、清淨。而這一切，都從空無我中來。涅槃的見地，如苦痛的消
> 散，無分別、無分量，寂靜平等，這在大小乘中都是一樣的，都是從
> 無我觀中，消除個我的對立而說明的。（《學佛三要》，頁 238～240）

通過此一「無我」的內部心靈活動，萬事萬物所顯發出來的面目，當然就都是赤裸裸的真實本質了。道生曾以「法」為例，做這樣單刀直入的解析：

> 夫體法者，冥合自然，一切諸佛，莫不皆然。所以法為佛性也。（《涅
> 槃疏》，大正七三冊，頁 549）

倘使能當下「冥合自然」地體會「法」，透視它水淨沙明的內具本質，那麼這和深切體驗佛性所表達出來的意義，是一樣的（因為它們終要歸復於本具的空性之中）。道生所謂的「無非法為法也，在人顯焉，而宣通於物」（《涅槃疏》，大正七三冊，頁 532）；與這種「冥合自然」的無我基調，在實質上都是互相印合的。由此可知，究竟的佛性實踐，最後一定是與法界的萬象共同遞升為無我而一體的圓融。僧肇說「大乘是非齊旨，二者不殊，為無我義也」（《維摩疏》，嘉興八冊，頁 77），便是一個十分有力的註腳。

透過「無我」，在工夫義的佛性領域內，立即可見的實踐性效果，就是「佛性我」的示現。道生說「豈離無我而有我」（《涅槃疏》，大正七三冊，頁 461），後一個「我」字，即指佛性我，而「無我」的「我」是指生死中的我。足見「無我」與「佛性我」之間，原自具有先後提攜彰顯的微妙關係。近人劉果宗曾針對道生此一見解，做了下面的說明，他說：

> 晉末宋初，中國佛教界般若學盛興而涅槃學初起，般若談真空，涅
> 槃論妙有，般若明無我，涅槃示真我，般若述凡夫四大假合而空，
> 涅槃論一切眾生皆有真性不滅。此兩大不同之思想驟言之，甚難統
> 一調和，而生公博以異聞，約以一致，歸納此兩大思想於一如，實
> 為前所未有之思想家。（《中國佛教史論集》（四），頁 256）

此處，道生將「無我」與「真我」（即佛性我）熔爲一爐的洞見，確實有令人
絕賞的不凡意義。而這也正是其佛性實踐必然履現的究竟境界。

　　此外，正如印順法師所描述的，當佛性實踐進入涅槃的終極境地時，一
切都將是「永恒、安樂、自在、清淨」的。這個描寫語，如還原爲《大般涅
槃經》的原文，則是「常」、「樂」、「我」、「淨」四字。根據《大般涅槃經》
卷二十三載：

> 若見佛性，能斷煩惱，是則名爲大般涅槃。以見佛性故，得名爲常
> 樂我淨。（磧砂卅五冊，頁 331）

可見「常樂我淨」的提出，原只是襯托佛性思想的附帶理論，其根本的原理，
仍是包攝在佛性實踐的具體經驗中。以「常」爲例，即須通過佛性的直觀活
動方可具現，《大般涅槃經》卷廿三云：

> 善男子，涅槃之體，非生非出、非實非虛……非相非想、非名非色、
> 非因非果、非我我所。以是義故，涅槃是常，恒不變易。（磧砂卅五
> 冊，頁 330）

所以，道生在《涅槃疏》裏，也就很自然地和扣緊直觀的辯思方式處理「常
樂我淨」，他說：

> 常者，不見常則不常也。樂者，常故也。我者，常故自在也。淨者，
> 垢盡故也。（大正七三冊，頁 531）

這裏面，除了「淨」以外，其他三者都與「常」的意義連成一線，藉以貫徹
直觀的思路。由此不難看出，趨向存在自體的觀照活動，確是引導我們進入
涅槃境界的最重要法門，道生接下來這段話，即頗能宣示此一義諦：

> 常樂我淨者，言似有不來，而實常來爲相，具眾德也。解脫者，人
> 似未脫，而實解脫爲相也。（《涅槃疏》，大正七三冊，頁 532）

所謂「實常來爲相」及「實解脫爲相」者，便是通過直觀活動而朗現的大解
脫涅槃境界。

　　綜括以上的論題，我們在此簡單的歸納爲三個結論：

　　第一、從本體義的角度來看，道生的佛性思想是有往「先驗實存」、「恒
存不斷」等特質發展的動向，而且必定會推出「眾生皆有佛性」的結論。

　　第二、由儒佛會通的立場言，道生本體義的佛性思想所扮演的角色，無
疑是十分積極的。因此道生此一思想的提出，使得原本隱而不彰的儒家文化，
還可重新在佛學的思想資源中，取得彼此足以會通的共識。這種共識的建立，

對於發展佛學與中國傳統結合的中國化運動言，有很積極的意義。

第三、依工夫義的角度來看，道生的佛性理念必須藉助於「漸修漸入的具體行持」和「般若直觀」的空理，才能具體地舖展開來。這種理念的終極發展，便是進入以「無我」、「常樂我淨」為主的大解脫境界。

透過這三個結論，我們再重新回顧第一節所提及的觀念，不難得知：道生的佛性、般若思想，最後一定可以在空理的一致認同下，完成兩個體系的結合。這一點，對於了解道生的頓悟思想，有很大的幫助，因為道生的「頓悟成佛」論點，基本上就是建立在般若和佛性推極冥合的基礎上。關於這個論點，我們在下一章中，將有進一步的闡示。

此外，根據於般若系統而開出的「理不可分」、「理歸一極」等觀念，不但正面地發揮了道生般若思想的境界，而且也是其頓悟思想主要的重心。這些都是值得我們繼續深加探討的課題。在下一章中，本文計劃從「理」及「悟」的兩個角度，分別展開道生頓悟思想的全盤考察，希望能夠藉此而對其頓悟做一深且廣的透視。

當然，在了解道生頓悟義之先，首須確立的前提，仍是要對其佛性理論有深透的體會（不管是本體義或工夫義，都宜應了解），只有對這套理論進行仔細的體會，才有可能在他的頓悟思想中發生感應。所以，本章第二章即曾不殫繁瑣地論述道生佛性理論，用意在此。而進入下一章之後，我們雖然沒有設計專題特別強調佛性理論，但也會隨機點到，豁顯其重要性。

底下，本文的思路即順勢導入下一章，對頓悟思想展開進一步的研究。

# 第三章　道生頓悟思想之義理內容

道生在〈答王衛軍書〉中說：

> 以爲苟若不知，焉能有信。然則由教而信，非不知也。但資彼之知，
> 理在我表。資彼可以至我，庸得無功於日進。未是我知，何由有分
> 於入照。豈不以見理於外，非復全昧，知不自中，未能爲照耶？（《廣
> 弘明集》卷十八，磧砂卅一冊，頁 416）

文章中所謂「知」，是指知「理」而言。而所謂「照」者，則是見性之「悟」。
在道生頓悟思想的義理結構中，「理」和「悟」是兩個核心的論題，所有關於
道生頓悟義的幾個重要思想層面，幾乎都要透過這兩個論題，才能呈現出來。
另外，所謂「理在我表」及「見理於外」等語，則代表道生對當時持漸悟主
張者的基本看法，雖然只有簡單數語，但也饒富深藏，因爲它已經牽涉到整
個頓漸之爭的全盤問題。

由此可知：道生頓悟理念的出現，並不是孤起的事實，他的頓悟觀點，顯
然也是歷練過激烈而精彩的辯爭，才逐漸完成。所以我們在理解其頓悟思想時，
勢必要先釐清當時頓漸之爭的問題，才有可能建立一個相應的認知系統。

職是之故，本章的設計，將考慮由兩個方向來進行。第一部分，我們將
首先就道生當時的頓漸之爭，做一個統整的處理；其中，處理的範圍包括頓
漸之爭的歷史考察、相關文獻，以及頓漸雙方基本理論上的紛歧等等。而第
二部分，則計劃從道生著疏資料中，整理出「理」和「悟」的相關見解，藉
以突現其頓悟全貌；這裏面，除了闡明道生的觀點以外，並儘量適時地比驗
於時人的論述（如〈涅槃無名論〉、〈辨宗論〉……等），以更廣大的探測門徑，
對大頓悟思想進行周密的詮釋。底下，便將本章的細目逐一列出：

第一節、道生當時的頓漸之爭
  一、頓漸之爭的溯源及其相關文獻
  二、「大小頓悟」基本理論的差異
第二節、頓悟思想的義理結構
  一、由「理」的層面言
    （一）對「理不可分」義的體現和展示
    （二）「理歸一極」說的內涵及其動向
    （三）滿證之理與「三乘」之理的不同
  二、由「悟」的層面言
    （一）悟和理之間的關係
      （1）小頓悟家的悟、理見解
      （2）道生的「悟理合一觀」
    （二）「信解」漸修與「見解」之悟的關係
      （1）信解和見解的基本關係
      （2）信解和見解的功能差異
      （3）依悟的呈現看兩者關係
    （三）悟性與佛性的結合
      （1）悟性與佛性的推極合一
      （2）悟的自發自顯及一悟全悟
      （3）「頓悟成佛」義的開顯

其中，第二節的部分，無疑是本章的主題所在。不過，正如前面提及的，只有先掌握道生當時頓漸爭辯的實情，充分了解整個事件的背景，如此對其頓悟思想的詮釋，才是相應的。所以，本文首先便從第一節「道生當時的頓漸之爭」這部分開始。

# 第一節　道生當時的頓漸之爭

由於現存道生著疏內，提及頓悟思想的直接資料非常有限，因此，要了解其思想的可能義蘊，必須藉助於當時相關文獻的處理，才有可能挖掘出道生頓悟思想的原有規模。底下，我們先由「頓漸之爭的溯源及其相關文獻」著手。

## 一、頓漸之爭的溯源及其相關文獻

從中國佛教史的觀點言，頓悟與漸悟的對蹠爭議，早在晉末達摩多羅和覺賢的禪經論點中，就已開啓端倪。根據慧遠的〈廬山出修行方便禪經統序〉云：

> 達摩多羅闔眾篇於同道，開一色爲恒沙。其爲觀也。明起不以生，滅不以盡。雖往復無際，而未始出於如。故曰：色不離如，如不離色。色則是如，如則是色。
>
> 佛大光（即覺賢）以爲澄源引流，固宜有漸。是以始自二道，開甘露門，釋四義以反迷，啓歸途以領會。分別陰界，導以正觀；暢散緣起，使優劣自辨。然後令原始反終，妙尋其極，其極非盡，亦非所盡。乃曰：無盡入于無盡法門。非夫道冠三乘，智通十地，孰能洞玄根於法身，歸宗一於無相，靜無遺照，動不離寂者哉。（《出三藏記集》卷九，磧砂廿九冊，頁 309）

從兩人的觀點比較中，不難得知：達摩多羅的禪法是著重一超直入的，所謂「開一色爲恒沙」者，即是直透現象基底的實在意義，根本洞視法性的本然。而覺賢的方式就沒有如此直接了，文中所云「澄源引流，固宜有漸」一語，很明顯托映出他強調步步爲營的漸悟心態，他認爲只有隨著「道冠三乘，智通十地」的層層深化，才能導出「洞玄根於法身，歸宗一於無相」的眞理。當然，達摩多羅與覺賢二人，並沒有徹底地釐清漸頓的問題，而且兩人都沒有足夠形成系統的理論組織，他們對於漸頓的問題，頂多只是做到適可而止的即興發揮而已。對於眞正全盤的系統化思索，仍不得不仰賴後起的道生。

按僧祐〈道生法師傳〉載，[註1] 道生在義熙五年以後，曾經「校練空有，研思因果，乃立《善不受報》及《頓悟義》，籠罩舊說妙有淵旨」。可見道生的頓悟義並不是肆意的虛構之物，它是通過「空有」、「因果」的嚴密推論，並參考了舊說，綜合過濾而成的哲學思維。雖然甫一推出，就遭到「守文之徒，多生嫌嫉；與奪之聲，紛然互起」的命運，不過，却也因此在無形中，促發了另一次應時興起的頓漸之辯的序幕。近人劉果宗云：

---

〔註1〕底下〈道生傳〉引文見磧砂廿九冊，《出三藏記集》卷十五，頁 354。根據湯用彤和劉果宗的說法，道生立頓悟義的時間，應在「闡提成佛」事件之前，如果以謝靈運在永嘉太守任內的期限來看，可能在宋少帝景平元年（西元 423年）以前，道生就已經有相當完整而成熟的頓悟思想了。

生公發明頓悟義，早在六卷泥洹傳來以前，或從羅什受學已有所悟。至義熙五年還都後，便大唱其說，發揮自悟思想。於晉義熙七、八年間，已成為京師諸義學沙門論爭之中心問題。(《中國佛教史論集》(四)，頁 209)

由於京師諸義學沙門間的熱烈論爭，使得道生的頓悟思想能藉由批判性的諸多辯論反省，而得到更進一步的拓深。而當時的環境，對漸頓之辯的捲土重來，無疑也是相當有利的。我們今天由陸澄的《法論目錄》裏，還可以找到許多當時辯爭的遺迹，據其《慧藏集》所登錄者，有底下諸項：〔註2〕

1. 〈辨宗論〉　謝靈運
2. 法勗問往反六首
3. 僧維問往反六首
4. 慧驎述僧維問往反六首
5. 驎新問往反六首
6. 竺法綱、釋慧林問往反十一首
7. 王休元問往反十四首
8. 竺道生答王問一首
9. 〈漸悟論〉釋慧觀
　　沙門竺道生執頓悟，謝康樂靈運辨宗述頓悟，沙門釋慧觀執漸悟。
10. 〈明漸論〉　釋曇無成

其中，〈辨宗論〉與〈漸悟論〉是最具代表性的兩篇文獻。慧觀的〈漸悟論〉已經亡佚，但〈辨宗論〉則迄今尚存。所以，今天要檢視當時頓漸之辯的情形，或掌握道生頓悟思想概況，〈辨宗論〉是一篇十分重要的文獻。

根據劉果宗的說法，〈辨宗論〉早在大本《涅槃經》未至之前，即已問世。它和慧叡的〈喻疑論〉一樣，都是當時頓漸之辯中的頓悟義思想代表作。劉氏云：

謝康樂著〈辨宗論〉，演述生公頓悟義，事在永初三年七月至景平元年秋，其為永嘉太守時。此時大本涅槃經尚未南來，南朝佛教思想界，已分頓漸兩派，持頓悟義者，以生公為首，其他有謝靈運及慧

〔註 2〕下面這些資料具見磧砂廿九冊，《出三藏記集》卷十二，頁 328。值得注意的是，底下所錄參與頓漸之辯的人名，多半也都曾出現在〈辨宗論〉內，可見法勗等人，可能就是當時整個辯爭活動的主要人物。

叡等。慧叡著〈喻疑論〉，明佛性眞我，斥疑泥洹者「安於漸照」，
可知其亦爲頓悟家。（《中國佛教史論集》（四），頁 221）

關於慧叡的〈喻疑論〉，本文在上一章第二節裏曾提及過。依照其立論的架構
觀之，確實頗有傾向於頓悟思想發展的可能。不過，是否即眞如劉氏所云，
是走向「以生公爲首」的頓悟思想，這一點則極須斟酌。事實上，以七住和
十住爲題（稍後即予闡述）而展開的頓漸之爭，在〈喻疑論〉中，根本未曾
被討論到。〈喻疑論〉裏，唯一可以接通道生思想的，只有「明佛性眞我」這
部分而已。因此，劉氏率爾認定慧叡即是道生頓悟義學者，顯然略失嚴謹。
不過，相形之下，〈辨宗論〉對於道生頓悟思想的代表資格，則絕無異議。據
《竺道生·答王衛軍書》載，道生在生前就已讀過謝靈運的〈辨宗論〉，他曾
說：

究尋謝永嘉論，都無間然。（《廣弘明集》卷十八，磧砂卅一冊，頁
415）

可見，道生對於傳述其思想的〈辨宗論〉，早已有印可之詞（至於〈喻疑論〉
者，我們似乎僅能將之視爲外圍的參考資料）。所以，透過〈辨宗論〉而理解
道生的頓悟思想，應是一條可靠的管道。

此外，《肇論》中的〈涅槃無名論〉一文，也記錄了道生當時的頓漸之爭。
不過，〈涅槃無名論〉的眞僞，向來很受評議，湯用彤認爲：

如〈涅槃無名論〉爲僧肇所作，則爲持漸以駁頓之最早者。但此論
文筆力與〈不眞空論〉等不相似，且頗有疑點，或非僧肇所作。……
〈無名論〉十演中反駁之頓悟，顯爲生公說。而九折中所斥之漸說，
則爲支公七住頓悟說。是作者宗旨贊成七住說，而呵彈大頓悟。據
今所知，生公以前，無持大頓者。生公立說想在江南，且亦遠在肇
死之後。……〈無名論〉雖不出肇公手筆，然要亦宋初頓漸爭論時
所作。（《漢魏兩晉南北朝佛教史》，頁 670）

即使湯氏認爲〈涅槃無名論〉是贗作，但他仍然十分肯定這是一篇足以反映
「宋初頓漸爭論」的文獻。可見〈無名論〉的價值，原與作者是否爲僧肇，
無直接的關連。劉果宗在〈竺道生思想之考察〉一文中，則從另一角度剖視
這個問題：

然肇公《涅槃論》之初著，或言簡義深，申述法性理之非有非無，
宗極無二之旨。及至晉末，法顯六卷《泥洹經》譯出，及宋元嘉間，

北涼曇無識大本《涅槃經》南來，佛性妙有思想大興，再因生公自
還都後，大唱頓悟佛性義，引起宋初頓漸悟思想論爭最激烈之風波。
故持漸悟義者，修改肇公〈涅槃無名論〉，並引用肇公死後所盛興之
涅槃經義，以抗道生頓悟義。（《中國佛教史論集》（四），頁 239）

依劉氏之說，他是基本上認定〈無名論〉有僧肇原作的成分（所謂「初著」
者是）和被修改的部分，其中，被修改的部分，完全是出自後代「持漸悟義
者」之手，修改的目的是爲了抗制當時駸駸稱盛的道生頓悟說。綜上所述，
可知：不管〈涅槃無名論〉的作者是否即爲僧肇，它反映宋初頓漸之辯的情
況，這一事實應可確定。因此，我們在處道生頓悟思想或當時頓漸之辯時，〈涅
槃無名論〉的重要性，亦應被納入考慮。

再其次，《卍續藏》第一三四冊《名僧傳抄》中有〈論三乘漸解實相〉一
文，作者佚名，但內容涉及宋初頓漸之辯，也很值得加以注意。關於這篇文
獻，湯用彤曾做過這樣的蠡測：

反對頓悟之名僧，首稱慧觀。觀與生同遊匡山，並同往關中見什。
還江南後，亦爲世所重。作〈漸悟論〉以抗生公謝侯。《名僧傳抄》
載〈三乘漸解實相〉一文，審其次序，當即觀作，或並出〈漸悟論〉
中。（《漢魏兩晉南北朝佛教史》，頁 671）

湯氏使用了「當即」、「或並出」等字眼，表示他對作者一事也不十分肯定。
今天，由於〈漸悟論〉已佚，無從得悉慧觀的漸悟理論；不過，按照合理的
推想，他的一些見解，除了具載於〈漸悟論〉外，應該也會散見於當時的各
種文獻內，《名僧傳抄》的作者，或許是有鑑於此，才將〈三乘漸解實相〉文
和慧觀的傳記資料編輯在一起。由此層面加以審視，那麼〈三乘漸解實相〉
一文雖然未必即是慧觀作品，但却有可能是其思想的延伸（或有可能是後來
的弟子門人所作）。所以，對於這篇文獻，我們亦應給予正面的重視。

當然，在所有關於頓漸之爭的資料中，一向最受青睞矚目的，仍莫過慧
達的「大小頓悟六家」文。這段文獻，文體簡潔而扼要，雖然成之於道生之
後，却頗能釐清道生當時頓漸雙方的主要論點。在這段文獻裏，代表漸悟（即
主張七住頓悟者）的有支道林、道安、慧遠、埵法師及僧肇五家，而代表頓
悟（即十住大頓悟者）的便是道生。關於這段文獻的詳細內容，稍後均將提
及，於此不贅。

此外，尚有許多零星片斷的資料，如道生的〈答王衛軍書〉、劉虬的《無

量義經‧序》等等，它們在理論性的建構上雖然不足，但仍然深具參考價值。

　　以上，我們大致了解道生當時頓漸之辯的相關文獻，這些文獻都是探求道生頓悟思想的有力線索。尤其是慧達的資料，更提供研究上的莫大便利。順此思路，底下就先從慧達的「大小頓悟」說進行之。

## 二、「大小頓悟」基本理論的差異

　　慧達《肇論疏》云：

> 頓悟者，兩解不同。第一竺道生法師大頓悟云：夫稱頓者，明理不可分，悟語照極。以不二之悟，符不分之理，理智恚〔註3〕釋，謂之頓悟。……第二小頓悟者。支道琳師云：七地始見無生。彌天釋道安師云：大乘初無漏慧，稱摩訶般若，即是七地。遠師（即慧遠）：二乘未得無有，始於七地，方能得也。埵法師云：三界諸結，七地初得無生，一時頓斷，爲菩薩見諦也。肇法師（即僧肇）亦同小頓悟義。（卍續一五〇冊，頁858）

另外，隋代的碩法師《三論遊意義》也曾記載：

> 用小頓悟有六家也。一肇師，二支道林師，三眞安埵師，四邪通師，五匡山遠師，六道安師也。此師等云：七地以上悟無生忍也。竺道生師用大頓悟義也。金剛以還，皆是大夢，金剛以後，乃是大覺也。
>
> （大正八九冊，頁121）

由這兩段引文看來，大小頓悟的基本分歧，似乎即在「七地以上悟無生法忍」這一論題上。根據劉虬《無量義經‧序》的說法，第一個建立這個論點的，是晉末的支道林，〔註4〕其文曰：

> 支公之論無生，以七住爲道慧陰足，十住則群方與能。在迹斯異，語照則一。

然而道生的大頓悟思想，則主張唯有十地，才能眞正澈見無生法忍。唐均正《大乘四論玄義》卷二，曾記載：

> 經云：初地不知二地境界，乃至第十地不知如來擧足下足也。亦是

---

〔註3〕「恚」字不詳，或有可能是「悉」或「恚」的誤寫。
〔註4〕底下引文見磧砂廿九冊，《出三藏記集》卷九，頁311。支道林雖然是實際上第一位提出「頓悟」說的人，但因爲他迷信於七地證悟無生的見解，使得他的頓悟說始終難以擺脫另外三地的陰影；所以，從道生的角度看來，支道林的頓悟，其實仍等於漸悟。

> 大頓悟家云：至第十地，始見無生。小頓悟家云：至七地始見無生
> 也。（卍續七四冊，頁 25）

可見，大小頓悟歸根究底的癥結，主要仍在「無生法忍」的認定上。道生大頓悟主張「第十地始見無生」，而小頓悟家則認為在第七地，即已陰足了「無生」道慧，無需推到第十地才稱頓悟。

那麼，究竟那一種說法比較合理而富說服性呢？在進行這種價值判斷之前，我們勢必要先從何謂「無生法忍」，以及何謂「七地」、「十地」的基本涵義上入手。下面，我們首先了解「無生法忍」。

龍樹《大智度論》卷五三載：

> 須菩提答言：色不異無生，無生不異色。色即是無生，無生即是色。
> （磧砂十四冊，頁 502）

此處的「無生」，與不生不滅的空義，顯然是做了同義的運用。所以，按《大智度論》的說法，只要能將心安住在不生不滅的空義上，就可名之為無生法忍（忍有安住不動之義）。天親的《十地經論》卷十，有一段敘述，就將此道理闡示得更為明白，其文曰：

> 經曰：入一切法，本來無生，無成無相，無出不失，無盡不行，非
> 有有性，初中後平等，真如無分別，入一切智智。是菩薩遠離一切
> 心意識，憶想分別，無所貪著，如虛空平等入一切法。如虛空性，
> 是名得無生法忍。（磧砂十四冊，頁 860）

由於心「如虛空平等入一切法」，所以不會對現象的生滅貪戀執著，因此得以安住在「一切法，本來無生，無成無相」的法爾本性中。天親將此種境界，即命名為無生法忍。在這裏，我們不難窺知，無生法忍的義涵，基本上便是透過般若空義的實踐，發展而成的。換言之，只有般若的理則獲得充分的發展，才有可能相應浮現此一境界。

另外，龍樹《大智度論》卷五三，也針對這種境界，而做過更深一層的描寫：

> 是菩薩得無生忍時，滅諸煩惱，得菩薩道，入菩薩位。雖有煩惱氣，
> 生道場時，乃盡無所妨，故畢竟淨。

依龍樹說，無生法忍的特性有三：

1. 煩惱滅盡，但仍未斷習氣。
2. 菩薩因此得入道位，必可成就。

3. 能在一切處「無所妨」地展現畢竟清淨。

這些特性，單獨檢視，可能無特殊之處。但若能與「七住」的內涵相比驗，其義蘊就顯得格外不凡了。

依西晉竺法護譯《漸備一切智德經》卷三載，〔註5〕七住的內涵是：

> 行至七住，乃能逮成自在己行，而無等侶。猶如有人生於王家，乃爲王子，有殊異德，爲諸群臣所見奉敬。不以自己而放恣行，假使長大，承己身力，超諸臣下所論國位。……若有菩薩遊于本際而不取證，猶如佛子。時彼丈夫，乘大舟船入於大海，將船之師工有方便，知水之宜，既行大海，不遭水難。如是佛子，菩薩立行，逮第七住，乘度無極道法之船。船行本際而不取證，以逮如是聖慧勢力，承三昧力成就諸行。解覺道意，以大善權智慧之力，現生死門，遊輒滅度，心性自然。已現其身眷屬俱，往來圍繞，在憒閙中而常專精，逮致寂定本願之故。生在三界，不爲世俗之所污染。出入進退，寂寞澹泊，善權光明，靡所不曜。（磧砂八冊，頁369）

上面的敍說，頗顯蕪雜，不過，仍可大致過濾成下面三點看法：

1. 菩薩在七地時，已達成「自在己行」、「心性自然」的般若觀照，猶如佛子般，將來必定成佛。

2. 雖具佛子般的地位，但七地菩薩仍必須「承己身力」做持續的努力，才能成佛證得極慧。

3. 七地菩薩雖生三界〔註6〕之內，但已遠離煩惱染污，斷結去惑，其境界永恒保持在「寂寞澹泊」、「靡所不曜」之中。

根據這三點看法，我們知道：七住境界與無生法忍之間，確是有相當的雷同與吻合。支道林說「七住爲道慧陰足」，埵法師云「三界諸結，七地初得無生，一時頓斷」，這些推論在此處，都可以得到充分的驗證。可見，小頓悟家的觀點，原自有客觀的眞理依據。不過，面對八、九、十地具實存在的問題，小頓悟家的理論，似乎就顯得左支右絀了；因爲如果承認七地以上另有

---

〔註5〕下面的引文是採用竺法護的譯文。鳩摩羅什亦譯《十住經》，其譯本與竺法護相同，卷四也有描寫七住的文字，不過，羅什這部份的譯文較多長偈，雖然經義雷同，但考慮說明上的方便，我們在七住部分仍決定以竺法護的譯文爲妥。至於十住的部分因爲羅什的譯文比較扼要，沒有竺法護的冗長，所以，十住的譯文部份改採羅什之說。

〔註6〕三界意指眾生所取的欲界、色界和無色界。

三地，則無異是承認七地的領悟不是真正的頓悟。所以，小頓悟學者所面臨最大的困境，是沒有辦法再進一步展開足以超越另外三地限制的學說。雖然〈涅槃無名論〉中曾企圖運用「三乘根機」之類的論點，期求有關八、九、十地存在的合理化解釋，但終究不是徹底的辦法。

在道生看來，真正能解決這一困境，而又能同時貫徹頓悟理念的作法，就是將無生法忍的圓現，推極到十地。換句話說，道生認為，最後決定頓悟的，並不在七地，他主張「第十地始見無生」的大頓悟。為凸顯這個說法，我們不妨先從了解「十地」的蘊涵這方面著手。

鳩摩羅什譯《十住經》中，對於十地的描寫如下：

> 猶如轉輪王，假授太子位。時諸十方界，普皆大震動，乃至阿鼻等，諸苦皆除滅。菩薩為一切智慧得是職，如是名為到無上法雲地。住於是地中，智慧無邊限，善知度一切世間諸因緣。入色無色法、欲色無色界，能知眾生性國土性法性，又能入可數不可數法中，乃至能觀擇空無量性。（磧砂八冊，頁 416）

十地的境界，離佛果僅只一步而已，因為「智慧無邊限」的特性，使得它具現般若的深度和廣度都達到空前。方東美曾說：

> 從第一級到第七級是菩薩地，從第七級到法雲地是大菩薩地，過了法雲地才可以成佛。（《中國大乘佛學》，頁 145）

可見十地較諸七地，確有更臻圓滿高明之處。就道生的觀點而言，菩薩必須登上十地的極位，才可稱得上是真實內證無生法忍，在《法華疏》內，他曾舉「開示悟入」例，說明這個道理：

> 初住至七住，漸除煩惱曰『開』。……八住得觀佛三昧，常樂『示』佛慧悟知見。……九住菩薩為善慧，深『悟』佛之知見也。……十住菩薩以金剛三昧，散壞塵習，轉『入』佛慧。（卍續一五〇冊，頁 807）

依照他的說法，菩薩即使已修至七地，也不過只是「漸除煩惱」的初境而已，因為最隱微的習氣依然粘滯在心中，並未徹底根絕，如果驟視七地即是頓悟，無疑是將自己的進步畫地自限。在道生的想法裏，真正的頓悟，還必須藉著由積極的探察和深化才能獲得（他認為小頓悟家所認許的頓悟，只是抓到混沌初「開」的契機而已）。因此，強調「示」佛慧悟知見的八地，以及深「悟」佛之知見的九地，在道生的頓悟系統內，就顯得格外重要。用方東美的話來

說，即是在「菩薩地」的基礎上，再建立「大菩薩地」的深切體驗。易言之，道生是希望透過漸入漸深的持續修爲，將境界的展現推送到最高的頂點；這個頂點，用他的語言來表示，就是「散壞塵習，轉入佛慧」的十地境界。而他所認定的無生法忍，也只有在這個「轉入」的俄頃，〔註7〕才是眞正被如實的親驗親見，道生所謂「以不二之悟，符不分之理，理智忘釋」者，無非便是無生法忍的另一表白。

而究實言之，道生此種十地滿證的心態，並非憑空出生的，除了如前面所提，基本上原與佛性工夫義的實踐要求直接相契配外，它和儒家的「窮理」說或禪法典籍的記載，也有精神上彼此輻輳的痕跡。陳榮捷就曾根據道生《法華疏》中「佛盡理全爲護，永無忘失爲念」、「窮理盡性，謂無量義定」（均見卍續一五〇冊，頁803）二語，斷定這是孔門之物，他在〈新儒家「理」之思想之演進〉文中說：

> 在道生，理得則成佛。道生甚至謂「佛盡理全爲護，永無忘失」。窮理乃儒家之詞，不僅爲佛家所引用，且爲通佛國之道！道生又謂「窮理盡性，謂無量義定」。以故孔門窮理盡性之旨，成爲佛門造化眾生之主要法門。（《中國哲學資料書》，頁34）

足見道生之主張十地大領悟，與儒者「窮理盡性」的要求，在基本精神上，是有可能彼此呼應的（此處「理得則成佛」義，稍後將提及）。陳榮捷強調窮理是儒家「通佛國之道」，如不由「理」的實質蘊涵言，而專取於其表現的精神來看，那麼，這個說法是相當可信的。

另外，從道生當時流行的禪法典籍，也可尋出其十住頓悟思想的蛛絲馬跡。據羅什所譯《首楞嚴三昧經》卷上云：

> 首楞嚴三昧非初地二地三地四地五地六地七地八地九地菩薩之所能得。唯有住在十地菩薩，乃能得是首楞嚴三昧。（磧砂十二冊，頁83）

由於經文裏已明白昭示「十地」的住地菩薩，才能得到首楞嚴三昧，可能因此激發了道生十地頓悟的看法和意願，這一點，如果透過《涅槃經獅子吼品》的比驗，就更加清楚：

> 首楞嚴三昧有五種名：一者首楞嚴三昧，二者般若波羅蜜，三者金

---

〔註7〕在道生的觀念裏面，「漸入漸深的持續修爲」對於開啓頓悟而言，是一個應然的步驟，但二者之間並不具備必然的關係。事實上，道生認爲，從頓悟的俄頃觀之，一定是「悟發信謝」的，關於這一點，稍後第二節裏的「依悟的立場看兩者關係」中，有比較詳細的解析，請讀者參看。

剛三昧，四者獅子吼三昧，五者佛性。隨其所作，處處得名。（《大
般涅槃經》卷廿七，頁 673）

文中已將「金剛三昧」等同於首楞嚴三昧，而金剛三昧正是道生十地所證入
的境界（稍後將提及）。由此可知，道生十地頓悟的提出，可能也有禪法典籍
的影響。

據上所述，道生之所以主張「至第十地，始見無生」的大頓悟，本身也
有很合理化的論證和成立依據。底下，將道生頓悟理論的主要重點歸納如下：

第一、道生認為，必須得見無生法忍，才是頓悟，而要究竟朗現這一境
界，只有十地的滿證才能做到。

第二、由於「無生法忍」，原是通過般若實踐而朗現的不生不滅之空義境
界，所以，道生的頓悟，意指證入不生不滅的空義境界言。他的「以不二之
悟，符不分之理」語，便是這一頓悟境界的表白。

第三、道生認為，在頓悟之前，必須先要有漸入漸深的持續修為，才能
在最後十地的刹那，轉入頓悟。

當然，這些結論主要是著眼於大小頓悟的比對產生的，它只能大略點出
道生頓悟思想的基本特色而已。如要徹底釐清道生頓悟思想所具有的可能義
蘊，必須考慮從現存可用的文獻裏，重新組織過濾，才能有效地表現出頓悟
思想的實具內容。

順應這個需要，本文接下來的安排，便是透過實際文獻資料的編輯整理，
系統性地呈現道生的頓悟思想。

## 第二節　頓悟思想的義理結構

前引慧達《肇論疏》中，稱述道生大頓悟義時，曾有「以不二之悟，符
不分之理」二句。其中的「理」和「悟」，顯然是相當關鍵的字眼。道生認為，
頓悟的出現，基本上是由個體發展般若的「悟」契會於空「理」所助成（即
陳榮捷「理得則成佛」之所指）；換句話說，頓悟究竟的目標是取證不可分之
「理」，但所取的方法則是趨「悟」的實踐。

當然，這僅是最粗略的理解。事實上，在相應於道生頓悟思想的前提下，
個別地通過「理」和「悟」的層面加以檢視，都可以拓展出十分深刻豐富的
蘊涵。本文在這一單元的安排，即有意就這兩個層面的充分展開，闡明其頓
悟思想的義理結構。首先，由「理」的層面進行之。

# 一、由「理」的層面言

前面，我們在闡述道生般若思想時，曾言及「理」的問題。按照推論所知：道生的「理」字，必須要安配在法身實相的本然義蘊上，它的價值才能得到實際的兌現。這是何以我們要將道生的「理」與般若的空義聯想在一起，而推出「空理」一義的主要原因。事實上，將「理」字與般若學掛鉤，不單只適用於道生一人，泛覽南北朝乃至隋唐佛學，多少都帶有這種傾向。唐君毅曾針對南北朝隋唐佛學的「理」義發展，下過如此的斷語：

> 吾人今至少可自佛家之境界或理境必由空諸情見而後顯上說，名佛家之理為空理。……佛家理論乃偏重在對世人說空，偏重對世間之種種情見以及種種外道之學術理論，加以破除遮撥，亦是必然之事。而對其所嚮往之佛境，亦必然說其為超一般之情見所及，超一般之思議所及，而為超思議，或不可思議者。……故吾人仍可名佛家之理論為空理。(《中國哲學原論·導論篇》頁 40～42)

唐氏所謂空理「必由空諸情見而後顯」，不但可以應證道生般若空理的特徵，而且對當時的佛學，也是一個頗具普效性的說明。支道林在〈大小品對比要抄序〉中曾說[註8]：「至理冥壑，歸乎無名。」僧叡在〈大智釋論序〉亦有「理超文表，趣絕思境」語，都是有力的例證。

而在此處，首要的關懷主題是：「理」的意義，在道生頓悟思想中，究係扮演怎樣的角色？根據《肇論疏》所載，道生大頓悟思想的主要結構之一，就是「理不可分」的提出；而稱述道生頓悟義的〈辨宗論〉，也格外強調「理歸一極」的觀念。這些都足以凸顯並肯定「理」在道生頓悟思想中的重要地位。

為了進一步指出「理」在道生頓悟架構內的實具意義，底下分從三個層面臚述之。首先，由「理不可分」一義開始。

## （一）對「理不可分」義的體現和展示

道生在《涅槃疏》中曾說：

> 理無二實，而有二名。如其相有，不應設二。如其相無，二斯妄矣。
>
> （大正七三冊，頁 487）

這裏所欲表達的信念，與前面曾經分析過的「理唯一無二」的論點，基本上並無太大差異。不過，此處特別加重闡示「其相有」、「其相無」的誤謬，藉

---

[註8] 底下引文分見磧砂廿九冊，《出三藏記集》卷八，頁 298 及卷十，頁 318。

之豁顯「理不可分」的主題。〔註9〕道生指出：任何一種偏約取向的人為化探求，都極有可能導致對「理」的體會產生扭曲或誤解；所以，他在詮解頓悟義的時候，首先明示的便是「夫稱頓者，明理不可分」。〔註10〕道生提示我們關注「理不可分」這個課題的存在，對於進人他的頓悟領域而言，是深具重要意義的。近人劉果宗云：

> 竺道生深明此理體不可分，更進一層透見能悟之智，亦不可分，此乃生公之創見，實非一般守泥文字者所能言及。（《中國佛教史論集》（四），頁 212）

的確，唯有先給予「理不可分」正面的定位，「能悟之智，亦不可分」的推論才能進一層透見；這應是進入道生頓悟思想的基本前提。

根據湯用彤的考證，在道生之前，「理不可分」之說早已流行。〔註11〕湯氏以未詳作者之〈首楞嚴經注序〉一文作為論據，底下將重要的關鍵語抄錄下來：

> 若至理之可分，斯非至極也。可分則有虧，斯成則有散。所謂為法身者，絕成虧，遣合散。靈鑒與玄風齊蹤，員神與太陽俱暢。其明不分，萬類殊觀，法身全濟，非亦宜乎。故曰不分無所壞也。（《出三藏記集》卷七，磧砂廿九冊，頁 291）

文中所云「絕成虧，遣合散」語，與前述道生否定「其相有」、「其相無」的意旨，同樣都是對一切人為有限情見的遮遣，本質上都是築基於般若的深刻體驗，所表達出來的不二哲理。其次，「可分則有虧，斯成則有散」的義趣，與道生「大乘理無造作」語，〔註12〕也頗相暗合。由此可知，道生「理不可

---

〔註 9〕從這裏便可以界定出道生的「理不可分」，其實即意指「空理」的不可分，而空理所以「不可分」，顯然必須通過般若思想裏的絕待、言語道斷等思路作連線，才能確立。關於這一點，請讀者再回顧第二章「般若思想」之說明，本文為行文緊湊起見，並不在此重覆贅述。

〔註10〕道生的頓悟觀，基本上從「明理不可分」，就可表現出來。後起的禪宗，曾在頓悟的領域中，發展出時頓（自性剎那開顯的頓悟）和圓頓（義理境界上的頓悟）兩種，由本文前述論點看來，道生在根本的精神上，可能較偏向後者。不過，道生除了有「明理不可分」的義理圓頓外，他也兼攝了時頓，本章第二節言及道生的頓悟有「自發自顯」一義，就頗具於時頓的意味。當然，由後起的頓悟說來詮解道生的頓悟，可能並不妥當，而且也明顯溢出本文討論範圍，本文並不計劃做這方面的詳述。

〔註11〕關於這個論點，可以參讀《漢魏兩晉南北朝佛教史》，頁 657。

〔註12〕道生認為，空理是遠離一切心念造作的。這句話，見諸卍續藏一五〇冊，《法華疏》，頁 813。

分」的論點，顯然前有所承。

不過，在追隨前人思想之餘，從另一方面，道生已經開始關注到不可分之「理」，與「無爲」或「無」之間能夠建立的可能關係。

前面，本文亦曾提過，格義思潮一直到鳩摩羅什入關中以後，才在體質上有了眞正的改變。其中，最大的變化就是：雖然在表層語言的構作上仍未脫除老莊外學的風習，但其內部的思理則已緊貼於佛學的本懷。以道生爲例，他就曾嘗試以脫胎換骨的方式，將清談玄理中的「無爲」和「無」的內容，轉化成畢竟空的空理。

道生在《法華疏》中曾說：

> 理爲法身，所處無畏，踞師子床。往足恒在無爲，爲寶机承其足也。
> （卍續一五〇冊，頁815）

從理的「住足恒在無爲」觀之，顯然道生認爲理體的本身必須仰賴「無爲」的工夫做爲基礎，才能外現「所處無畏，踞師子床」的風姿。換言之，道生是通過「無爲」的觀照而開拓出「理」的實存義諦；更深一層講，「理不可分」之所以成爲道生頓悟義所憧憬的實踐性理念，亦與「無爲」的工夫，有極大的關連。道生另在《涅槃疏》內說：

> 如來無爲，理則無惑。（大正七三冊，頁396）

而在《維摩疏》中，則認爲：

> 無爲是表理之法，無實功德利也。（嘉興八冊，頁89）

即是有意於將「無爲」和「理」做一同質的結合。此一層面的挺出，實大有助於我們對道生頓悟義的了解。因爲在道生當世的時人，稱引大頓悟思想時，往往便直接以「無爲」一語取代「理」字。《涅槃無名論》的〈詰漸〉第十二，有名氏陳述道生頓悟義時，曾云：

> 心既無爲，理無餘翳。經曰：是諸聖聖，不相違背，不出不在，其實俱空。又曰：無爲大道，平等不二。既曰不二，則不容心異。（嘉興二〇冊，頁271）

文中已經清楚標出無爲「不二」的特性。由此可以推證，依道生思理中，「無爲」確實已經掙脫了格義的陰影，而在實質的意義上取得了畢竟空義理的內容。

一樣的原理，在「無」上面，也有相同的表現效果。

按道生《涅槃疏》所云：

> 有虛空相，則是三界之物，以無物故，乃是眞實也。以是實故，則

名常無者，無物之空，理無移易，爲常無也。（大正七三冊，頁533）

其中的「理無移易，爲常無也」一語，便可顯見「無」和空理是可以含容互通的。謝靈運在〈辨宗論〉答慧琳難時曾說：

> 若勤者日忘，瞻者驟進，亦實如來言。但勤未是得，瞻未是至，當其此時可謂向宗。既得既至，可謂一悟將同無。（《廣弘明集》卷十八，頁416）

由於道生的頓悟，基本上是通過「以不二之悟，符不分之理」的方式呈現；所以，此處「一悟將同無」的「同無」，與「同理」的意趣是一致的。劉果宗在解釋這段文字時曾說：

> 所謂『無』者，乃宗極之理體。……又宗極者，乃無二不可分。（《中國佛教史論集》（四），頁250）

正好也恰如則分地將「無」與「理」作了巧妙的縮結。由這些事實可以證明：道生確是運用了脫胎換骨的方式，使得「無爲」和「無」也蛻化成空理的同型概念。

道生「理不可分」的思想雖承自前人，但若從以上論點加以衡估，則其在義蘊的體現展示上，顯然較諸前人尤有突破與融鑄之處。梁僧祐曾推許道生的著述風格爲「更發新旨，顯暢新異」（《出三藏記集》卷十五，磧砂廿九冊，頁354），用以形容「理不可分」一說，可謂十分恰當。

當然，晉宋時人中，眞正能夠深化道生頓悟思想，且又能徹底表現「理不可分」一義者，仍屬謝靈運，尤其是他在〈辨宗論〉所提出的「理歸一極」說，更是將道生的思想做了淋漓盡致的發揮。底下，本文的進行，順勢便導入此一思路，繼續闡明。

### （二）「理歸一極」說的內涵及其動向

謝靈運在〈辨宗論〉云：

> 釋氏之論，聖道雖遠，積學能至，累盡鑒生，方應漸悟。孔氏之論，聖道既妙，雖顏殆庶，體無鑒周，理歸一極。有新論道士以爲『寂鑒微妙，不容階級。積學無限，何爲自絕』。今去釋氏之漸悟，而取其能至。去孔氏之殆庶，而取其一極。一極異漸悟，能至非殆庶。故理之所去，雖合各取，然其離孔釋矣。（《廣弘明集》卷十八，磧砂卅一冊，頁412）

文中所謂的「新論道士」，即指道生。謝靈運在這裏，藉著道生「寂鑒微妙，

不容階級，積學無限，何為自絕」數語，擴伸為「理歸一極」的頓悟；他認為這是折衷孔釋二家，消除二家尖銳對立的最高規範。謝靈運這一理念的發揮，對於當時孔釋雙方各據壁壘、互不相知的文化困境，無疑是提供了一線生機。其中，他將佛家的「能至」和儒家的「一極」，做了同義的處理，顯然是受到道生「理無可分」義的啟示，足見謝靈運對於道生頓悟思想，確有極相應的深透和體悟。湯用彤在《漢魏兩晉南北朝佛教史》說：

> 按謝侯頓悟之義，源出生公理不可分義。而其特點，則在折衷孔釋之言。（《漢魏兩晉南北朝佛教史》，頁668）

又云：

> 謝靈運作〈辨宗論〉，謂佛主一極，孔言能至，合之而有頓悟之說。此則截短取長，合二者而明新義。說雖新奇，然其認兩教一體，固甚顯然也。（《漢魏兩晉南北朝佛教史》，頁468）

謝靈運發掘兩教一體的新論，一方面固有他獨悟的成分，另一方面則不得不歸諸於道生頓悟思想的浸潤之功。尅就後者而言，我們可以由道生的著疏資料中，尋得有力的證言。

道生在《法華疏》中，曾說：

> 乖理為惑，惑必萬殊、反側悟理，理必無二。如來道一。物乖謂三出物情，理則常一。如雲雨是一，而藥一萬殊。萬殊在於藥木，豈雲雨然乎？（卍續一五〇冊，頁818）

所謂「物乖謂三」的「三」，意指法華會上所陳說的三乘。〔註13〕道生認為至極的空理永遠是「常一」的（就如同「雲雨是一」），它的本質和法性、實相都是彼此冥契；而「常一」之理所以顯得遙遠而難測其義，根本的因素，在乎眾生的「乖理」物情。順道生的思路言，如果「乖理」又不知反，生命必有陷入畫地自限的自滿危機。在他的觀念裏面，「三乘」就多少隱含這項憂慮。所以，道生認為：三乘的本身仍是有漏的，在他們尚未滿證「常一」空理前，依然只是在漸悟的歷程上。慧達的《肇論疏》曾引道生語云：

> 唯竺道生執大頓悟云：無果三乘，有因三乘。（卍續一五〇冊，頁856）

就是明示佛乘「理不可分」和三乘未臻頓悟的事實。而道生另在《法華疏》中又說：

---

〔註13〕三乘是指尚在進修階段的聲聞、緣覺、菩薩三等人。請參看第二章註4之說明。

> 佛爲一極，表一而出也。理苟有三，聖亦可爲三而出。但理中無三，
> 唯妙一而已。(卍續一五〇冊，頁 809)

雖然有「因三乘」之別，但一極的佛乘絕對是「理中無三，唯妙一而已」的。所以，三乘行者只要能完成其修行趨證的全部歷程，最後終必印證「一極」的究竟眞理。

依此推論可知，謝靈運的「理歸一極」說，在道生頓悟思想內，早已發展成熟。因此，「理歸一極」雖出自〈辨宗論〉，然以之表象道生的心願實最爲恰當。而這個觀念對於當時的影響是很大的，我們從南朝文人的作品中，便隨處可尋具體的例證。

孔稚珪在《答蕭司徒書》中，曾說：

> 推之於至理，理至則歸一。置之於宗極，宗極不容二。(《廣弘明集》
> 卷十一，磧砂卅一冊，頁 255)

所謂「理至則歸一」、「宗極不容二」，無非便是從「理歸一極」義推闡尋求得來。而劉勰《滅惑論》亦云：

> 至道宗極，理歸乎一。妙法眞境，本固無二。(《廣弘明集》卷八，
> 磧砂卅一冊，頁 232)

一樣是受到「理歸一極」的影響。可見，自道生以後，「理歸一極」說，已成爲學界哲理思維的重要主流。無怪乎劉虬在《無量義經・序》中，會導出「希無與修空，其揆一也」的結論，這是道生思想富於包融性的最有力證明。〔註14〕關於這一點，方東美在《中國大乘佛學》中，曾經就道生以後的三家思想融合，作過這樣的說明：

> 從道生以後，影響了儒家，不再排斥釋老，而佛學界的人也不再回
> 道家組織聯合陣線來反對儒家。從六朝以後，儒家的思想、道家的
> 思想同佛學的智慧逐漸再融會起來，變成中國文化裏面一體不可分
> 割的成分，而且給調合起來了。(《中國大乘佛學》，頁 159)

這段話，便是從實際的歷史發展裏，對道生「理歸一極」義以積極肯定。

如上所述，我們已經看出，「理歸一極」的觀念，在道生頓悟思想中，不單只是扮演理論的角色，而且也孕含著結納異質思想的充沛活力。尠就此言，我們可以說，道生之提出頓悟思想，其動機本身，可能也多少帶有調和三家

---

〔註14〕劉虬所云「希無」者，指道家思想言。他說「希無與修空，其揆一也」，就是
　　　　運用「理歸一極」的思路，會通老釋。

的用意在裏面。

　　而底下我們緊接著要探討的是：在道生思想裏，「理」的不可分、歸一極，與當時三乘見理之說，是否能夠相融。本文接下來的安排，即據此基線予以展開。

### （三）滿證之理與「三乘」之理的不同

　　根據〈涅槃無名論〉載，宋初主漸悟的學者，曾以法華「三車」之喻，而認定三乘皆有各自獨見之「理」。爲概見全貌，底下將該段文獻逐一錄出：

> 無名（主漸悟者的代表）曰：然究竟之道，理無差也。《法華經》云：第一大道，無有兩正。吾以方便，爲怠慢者，於一乘道分別說三，三車出火宅，即其事也。以俱出生死，故同稱無爲。所乘不一，故有三名，統其會歸，一而已矣。……此以人三，三於無爲，非無爲有三。（《肇論》卷下，嘉與廿冊，頁267）

文中的「無爲」，就是理體本身（前已提及）。主張漸悟的無名氏認爲，雖然「第一大道，無有兩正」，但由於佛有「一乘道分別說三」的方便之門，再加上三乘都有「俱出生死」的共相，因此，認定他們的「同稱無爲」，並非過言。此外，爲了避免與「理不可分」義製造衝突，無名氏也推出「以人三，三於無爲，非無爲有三」的說法，表示三乘對無爲之理的體會，確有深淺高下的不同，但這並不影響「理」的本來是一。這個說法，在同文稍後又得到「斬木」之喻的更進一步強化，其曰：

> 請以近喻，以況遠旨。如人斬木，去尺無尺，去寸無寸，修短在於尺寸，不在無也。夫以群生萬端，識根不一，智鑒有淺深，德行有厚薄。所以俱之彼岸，而升降不同。彼岸豈異，異自我耳。然則眾經殊辨，其致不乖。（《肇論》卷下，嘉與廿冊，頁271）

從斬木喻可知，漸悟學者對於「理不可分」一義，確有極深刻的肯定，所謂「修短在於尺寸，不在無也」，就是說明「無」之理獨立存在，不因修短差別而即行割裂的特質。換言之，三乘的材質雖有淺深厚薄之殊，並不造成他們取證理體的障礙，而且其各自分證之理最後都可俱臻彼岸。這一點，似乎可以引領我們追索從支道林以來的小頓悟學者，之所以堅持七住頓悟的眞意所在。

　　此外，〈三乘漸解實相〉裏，也有相關的論解：

> 理實無二，因於行者照有明闇。觀彼諸因緣，有盡與不盡，故於實

> 相而有三乘之別。問曰：菩薩之與二乘，既不窮因緣之始終，何得
> 稱緣實相而得道？答曰：菩薩之與二乘，雖不洞見因緣之始終，而
> 解生死是因緣而有，知生死定相不可得，故能不染著於生死，超三
> 界而得道。(《名僧傳抄》，卍續一三四冊，頁 16)

三乘的行者，雖然不能「洞見因緣之始終」，但究竟是有所知的，因此雖未滿
證，却能「不染著於生死，超三界而得道」。這顯然較諸前者，尤有更深一層
的透視。

不過，以上這些推論，用道生的標準看來，仍是大有問題的。

首先，對於「理」的詮索，道生就顯有迥異之說。他認為，「理」的呈現，
只有在貫徹全部修行歷程後，方屬可能。他說：

> 玄理幽淵，自非證窮，深理何由暢然。(《法華疏》，卍續一五〇冊，
> 頁 804)

又云：

> 聖既會理，則纖爾累亡。(《法華疏》，卍續一五〇冊，頁 819)

其中的「證窮」和「纖爾累亡」語，都極可凸顯出道生滿證見理的心態。如
果從這個觀念衡估前述慚悟家之言，則三乘見理、七住頓悟說，無疑都是難
以立足的。尤其是搭配在「理不可分」、「理歸一極」的脈絡裏，更可看出其
理論上的漏洞。〈涅槃無名論·難差第八〉，有名氏即曾藉「涅槃」一義，發
揮道生此一見解：

> 有名曰：涅槃既絕圖度之域，則超六境之外，不出不在，而玄道獨
> 存。斯則窮理盡性，究竟之道，妙一無差，理其然矣。而《放光》
> 云：三乘之道，皆因無為而有差別。佛言：我昔為菩薩時，名曰儒
> 童。於燃燈佛所已入涅槃。儒童菩薩時於七住，初獲無生忍，進修
> 三位。若涅槃一也，則不應有三，如其有三，則非究竟。究竟之道，
> 何有升降之殊。(《肇論》卷下，嘉興廿冊，頁 271)

此處所云涅槃，其實正是空理的實現。而所指「窮理盡性」義，原是道生思
想所固有，其與前述「證窮」等論旨，都有實質性的吻合。在此特別值得提
出的是，有名氏除了積極認同道生的思路外，並且也能夠洞觀漸悟家的理論
缺陷，他推出「如其有三，則非究竟」說，對當時普遍陷入「實相有三乘之
別」之理論困境的漸悟家而言，便是一針見血的批評。當然，毫無疑問，這
種批評是以「理不可分」為價值判斷的依據。尤其最後的「究竟之道，何有

升降之殊」，更是兜轉到道生「理歸一極」的論旨上，為其頓悟思想做一儼無隙縫的圓說。

所以，依道生頓悟觀點言，三乘七住所得的證量，並非究竟（實際仍停滯在漸修歷程上），他們或有發展頓悟的可能和潛力，但絕不能遽稱其為頓悟。道生認為，慚悟學者所強調的三乘見理和七住頓悟說，畢竟都脫不開指鹿為馬的嫌疑。尤其根據《法華經》權、實二義的說法，屬於權義的三乘七住，根本仍身在化城，〔註15〕他們要獲取實義的頓悟成佛，顯然還需要付出更多的心力。道生在《法華疏》中就曾經如是說道：

> 佛既幽邃，難以一隅，故曲寄事像，以寫遠旨。……佛以本願故，說三乘法。三乘之化，本為濁世。其土既淨，不容有三。（卍續一五〇冊，頁 809）

既然是「三乘之化」，便顯見尚須往更高處攀進，因此，三乘所見之理，絕不能同等於十地金剛心後所見之理，道生說「其土既淨，不容有三」，就是以理不可分而歸一極的自覺，排除了「三乘之化」的涉問。當然，這並不是說道生對三乘的一切漸修行證，就抱持否定態度。事實上，漸修的工夫，不但應予肯定，而且對於證入頓悟而言，還是相當必要的（關於漸修，請參閱本章第二節二）。

劉果宗在〈竺道生思想之考察〉一文中，曾用道生的觀點檢視當時的七住頓悟說，其文曰：

> 支、安（指支道林及道安）二公乃據守經文，以七地結盡，始見無生，便謂頓悟在七住，而究竟證體，仍須進修八、九、十三地。蓋既須進修，則猶未全見法性理體，既未見理，何名為悟？又，既須進修，則法性理體便有可分。至理既可分，則入理之慧亦可有二。故支、安二公所立頓悟義，若就生公看來，仍未徹見，故仍屬漸悟論者。（《中國佛教史論集》（四），頁233）

所謂「既須進修，則猶未全見法性理體」一語，不但點出漸悟學者（包括小頓悟家）的共同盲點，而且也襯托出道生的十住頓悟說確實有遠較時人更鞭辟入裏的洞見。

據上所述可知，雖然前面我們曾提及，漸悟學者亦深諳於「理不可分」義（如斬木一喻），但卻由於他們不能對實踐的活動進行透澈的掌握，以致誤

---

〔註15〕「化城」意指變化出來的虛妄幻境，原出《法華經》的〈化城喻品〉。

認歷程即是目的（如三乘見理、七住頓悟等）。如此發展的結果，便是與「理不可分」一義，形成自語相違的矛盾。因此，只有主張全分滿證的道生頓悟義，才能符合並相融於「理不可分」的究竟本懷。

說到這裏，我們似乎可以將以上關於「理」的推論，嘗試歸納為底下三個主要觀點：

第一、道生的「理不可分」一義，雖然前有所承，但仍有其操作上的獨具創意。他將「無為」和「無」的義理鑲嵌在「理不可分」的層面上，不僅使「無為」和「無」的使用跨越格義佛學的束縛，而且也積極拔昇「理不可分」在其頓悟系統中的地位。

第二、「理歸一極」說，雖出自謝靈運〈辨宗論〉，但確為道生思想所固有。這一論點對於會通異質思想、消解不同文化的磨擦，都有很正面的意義。

第三、道生認為，真正的至理不容許有階級等第之分，如果至理的證入可以截劃階級，則必非至理。道生主張只有十地金剛心後，才能證理。易言之，道生要求的是滿證的理。所以，三乘七地所見之理，在他而言，皆不究竟，也都不能與於頓悟堂奧。

其中，第二和第三的觀點，顯然都出自一個共同的原型——理不可分。由此可見這個原型思想，在道生頓悟思想中的分量和價值，的確不容忽視。

此外，依道生思路言，在頓悟的過程當中，除了「理」的發展以外，還必須含攝一些相輔的機能，才能充分發揮頓悟的內容。其中，「理悟合一」觀的建立、信解漸修的肯定，以及「頓悟成佛」思想的提出，都是強調的重點；而這些亟須強調的重點，又與「不二之悟」存在著密切的關係。

所以，如果要完整地透視道生頓悟思想的玄微奧義，我們勢必要另從「悟」的層面去接通相關的論點，以更廣大的視野，發揮頓悟的可能義蘊。

底下，本文的進行，便由此一層面繼續展開。

## 二、由「悟」的層面言

在本章一開頭，我們便已提到：道生的頓悟義，必須通過「理」和「悟」的充分發揮，才能見其全貌。而前面一節，本文已大致處理了「理」的相關論點，底下緊接著是從「悟」的角度繼續展開其頓悟思想的實質義蘊。

這個單元的安排，主要分成三個論題。

第一個論題，我們要探問「悟和理之間的關係」。這個論題裏，思考的核

心是在證體和理悟上面，由大、小頓悟家的不同詮釋態度，我們可以看出道生「悟理合一」觀的卓越之處。

而第二個論題，則主要在闡明「悟」的形成和其呈現的方式。這裏面，我們要特別強調信解漸修的意義，它是顯現頓悟妙旨的必要歷程。道生頓悟思想之所以沒有淪爲毫無生色的枯滯理論，與其強調具體的實證漸修，有很大的關係。

第三個論題，則是希望透過悟性和佛性的推極合一，以發展出「頓悟成佛」的論旨。其中，「頓悟成佛」一義，是道生頓悟思想最終極的發展。

順著這個理序，下面即先由「悟與理之間的關係」部份，試予展開。

### （一）悟和理之間的關係

在尚未處理這一論題之前，我們要先清楚道生當時的小頓悟學者，對同樣的問題，究竟採取了什麼樣的詮釋。

### （1）小頓悟家的悟、理見解

道安在〈十法句義序〉：

> 經之大例，皆異說同行。異說者，明夫一行之歸致。同行者，其要不可相無，則行必俱行。全其歸致，則同處而不新。不新故頓至而不惑。俱行故叢萃而不迷也。所謂知異知同，是乃大通，既同既異，是謂大備也。（《出三藏記集》卷十，磧砂廿九冊，頁313）

此處「歸致」之意，即指「理」而言。按道安的說法，若能到達「理」的境界（即「全其歸致」），必可萬行具足而當下頓悟（即「不新故頓至而不惑」）。當然，此種境界，依小頓悟家一致的共識，必須要在七地中才能彰顯。在這裏，無形中便透露了道安對理體和智悟的二元區別，他說「全其歸致，則同處而不新」，就是將「歸致」之理視爲一分離於「一行」智悟的外設存在。換言之，道安所覺察的「理」，是一種停滯在七地即已宣告完成的「理」，而「悟」的探求，則仍須層層跨升直到第十地，才算是圓滿。這種基本心態，不只存在於道安的思想中，幾乎所有主張漸悟的學者（包含小頓悟家）都普遍擁有。以僧肇爲例，他的「有無雙涉，始名理悟」說，就充分證示這一心態：

> 六地以還，有無不並，無二之理，心未全一，故未悟理也。若七地以上，有無雙涉，始名理悟。（《肇論疏》，卍續一五〇冊，頁858）

僧肇認爲七地「無二之理」，只有在智悟的探索完成了「有無雙涉」的體現後，

才是眞正被洞察（而此時即名頓悟）。此說固然解釋了七地「始名悟理」的論旨，但却無法說明何以個體的智悟仍需步入八、九、十地的事實。所以，小頓悟學者雖然能夠在七地巧妙地統合「理」、「悟」，對於其他三地的問題却顯得觸途成滯而無能爲力。湯用彤在《漢魏兩晉南北朝佛教史》中，就曾針對這個現象，做過下面的評論：

> 尋其所謂頓悟者，謂全其歸致，悟其全分。但其言至於七住，已得不新不二之眞慧，則實以證體與悟理截爲二事。於悟理既許全其歸致，於進修則尚有三位，而實未得其全分。所言矛盾，均滯於經文解釋七住之言，而未見圓義也。（《漢魏兩晉南北朝佛教史》，頁658）

其中，湯氏批評小頓悟學者將「證體與悟理截爲二事」，的確是挖出了問題所在。事實上，小頓悟學者之所以無法超越三地的困局，主要原因就出在「理」、「悟」的二分上。因此，如果要遠離其見解上的限制和阻礙，整個「理」、「悟」觀念只有重新翻修了。強調大頓悟的道生，正是順應這一課題而建立其「悟理合一觀」。

### （2）道生的「悟理合一觀」

道生在《涅槃疏》中說：

> 佛語爲證入眞實之理，不可變也，其悟亦湛然常存。（大正七三冊，頁395）

而《法華疏》中亦云：

> 欲示眾之知見。向言本有其分，由今教而成。成若由教，則是外示。示必使，悟必入其道矣。（卍續一五○冊，頁807）

以上舉示的兩則文字，已足以標明道生的理悟論點與小頓悟家究有何種不同了。按道生所言，「湛然常存」的悟和「證入眞實」的理，是一體彰顯的。由於悟的「必入其道」，再加上理是十地金剛心後所現的至理，所以，證體就是悟理，兩者的呈現一定是同時完成的。前引《肇論疏》道生語，有「夫稱頓者，明理不可分；悟語極照」一句，便是說明理悟之間確有推極冥契的發展可能，而「以不二之悟，符不分之理」一句，則是將道生理悟合一的觀念清楚展示。當然，用道生的角度來看，一旦達到「悟理合一」時，也就是心開意解的頓悟了。〈涅槃無名論·詰漸〉十二裏，有名氏闡述道生頓悟義時，曾說：

> 又曰：無爲大道平等不二。既曰無二，則不容心異。不體則已，體

應窮微，而曰體而未盡，是所未悟也。(《肇論》卷下，嘉興廿冊，頁 272)

既然至理是不可分的，那麼體現此一至理的智悟，當然也是「不容心異」的不二之悟。所以，真正的頓悟，不體現則已，一旦體現的話，一定是「不二之悟」與「不分之理」共同彰顯的。由此不難窺知，道生的「悟理合一」觀，原是安住在頓悟的當下立說的，這是道生何以在建立其頓悟說時，屢排三乘涉問的主要原因。關於這一點，〈無名論〉的〈責異第十〉，有推理式的舖說，其文曰：

> 請問我與無爲，爲一爲異？若我即無爲，無爲亦即我，不得言無爲無異，異自我也。若我異無爲，我則非無爲，我自常有爲，冥會之致又滯而不通。然則我與無爲，一亦無三，異亦無三。三乘之名，何由而生也？(《肇論》卷下，嘉興廿冊，頁 272)

其中，「無爲」指理體，「我」指行者的慧悟自性。文中「我即無爲，無爲亦即我」一義，即指道生思想而言。按尋其理路可知，如果承認了理不可分（即「無爲無異」）的前提，那麼相應於理的悟（即「我」），也宜應是不二之悟才是。如果在此時又從悟境上衍化出「三乘之名」的分別來，無疑便是破壞了「我即無爲，無爲亦即我」的和諧，所以，才會有「不得言無爲無異，異自我也」的警示。這固然是出自於推理的結論，但擺置在頓悟的當下言，同樣可以成立。道生曾有「其土既淨，不容有三」語，倘使也能把握在「悟理合一」的頓悟契機上予以審視，則其義蘊當更加得以發揚。

不過，道生自己顯然也發現到，成立在至理上面的不二之悟，並不是停止了生命的流動而純從「悟理合一」的推溯即可獲得。他認爲悟的成熟，必須要有「信解」的實踐活動爲基礎才能圓滿。爲凸顯「信解」與悟之間的關係，底下就從這部分進行了解。

### (二)「信解」漸修與「見解」之悟的關係

慧達《肇論疏》曾引道生語曰：〔註16〕

> 見解名悟，聞解名信。信解非眞，悟發信謝。理數自然，如菓就自零。悟不自生，必藉信漸。用信伏惑，悟以斷結。悟境停照，信成萬品，故十地四果，蓋是聖人提理令近，使行者自強不息。

---

〔註16〕原《肇論疏》的文字，有許多地方讀起來並不通順，下面的引文是依照湯用彤《漢魏兩晉南北朝佛教史》，頁 659 的考正加以引錄的。

從這裏，我們可以看到，道生對於「悟」的了解，已經由理論性的純粹探求逐漸轉入以「信解」組構而成的漸修工夫中。這個探求方向的扭轉，我們在第二章介紹道生工夫義佛性思想時，已略曾提及，不過，此處我們發展的重點，主要是定位在「信解」漸修與悟之間的關係上。爲推動這個主題，首先應從「信解」和「見解」的關係入手。

### （1）信解和見解的基本關係

道生的「信解」、「見解」二語，源出僧伽提婆與慧遠共譯的《阿毗曇心論》。該論卷二曰：

> 若彼趣時，從信行鈍根，是信解脫。若彼從法行利根，是見到。（卍正四七冊，頁 887）

其中，「信解脫」即是「信解」，「見到」即「見解」。推尋原意可知，信解與見解的主要不同，是一鈍一利。所謂鈍利之別，倒不是完全僅指根器而言，它更重要的意義是在於區分漸修以及頓悟的不同。這一點，我們由道生「悟不自生，必藉信漸」的使用，即可得到證實。關於「信解」的漸修義，《阿毗曇心論》曾一再言及：

> 從信行諸法，及從法行法。……無著及信脫，彼同性增道者，謂信解脫。一向性必昇進，是增益諸根，逮得見到。（卍正四七冊，頁 888～889）

這段話，將「信解」與「見解」間的關係，做了大致的描述。依文意，「見解」必依「信解」方可完成，二者之間，是構成一種「昇進」的關係，由於有信解「從信行諸法」的不斷累積，才能企獲「逮得見到」的頓悟。此一觀念，從道生的「本末」觀亦可見出：

> 本末，萬善之始爲末，佛慧之終爲本。（《法華疏》，卍續一五〇冊，頁 806）

所謂「本末」語，本身並不涉價值判斷。在道生看來，「萬善之始」的漸修和「佛慧之終」的頓悟，都同等的重要，難以偏廢。謝靈運〈辨宗論〉傳述道生頓悟義時，也曾說：

> 由教而信，則有日進之功。非漸所明，則無入照之分。（《廣弘明集》卷十八，磧砂卅一冊，頁 412）

由此可知，道生的頓悟思想，本身並不排除漸修信解，對於發展「入照之分」的「悟」而言，信解仍不失爲是正面的有益資糧。他說「悟不自生，必藉信

漸」，正是著眼於此。

　　另外，如果尅就信解與見解的功能觀之，兩者的發展路向，也是相當關鍵的話題。道生的「用信伏惑，悟以斷結」一語，多少便點出二者的不同。

### （2）信解和見解的功能差異

　　首先，我們應該理解的是，「用信伏惑，悟以斷結」語，重點並不在「惑」和「結」上，道生所欲強調的主題，是信解的「能伏」及見解的「能斷」（其所謂的惑、結，本質上只是無明煩惱的異稱而已）。道生認為，通過信解漸修，可以調伏無明煩惱的蠢動，而經由頓悟，則可將無明的根本澈底拔除；前者表現出對內在無明步步克服化除的努力，後者則直接通達於洗淨靈魂之道。在〈辨宗論〉裏面，謝靈運即曾依道生原意而展開為「伏累」和「滅累」之說，其文曰：

> 累起因心，心觸成累。累恒觸者心日昏，教為用者心日伏。伏累彌
> 久，至於滅累。然滅之時，在累伏之後也。（《廣弘明集》卷十八，
> 磧砂卅一冊，頁 412）

所謂「累恒觸者心日昏」，即表示無明煩惱的放恣蠢動，而「教為用者心日伏」，則指信解漸修的實際努力。為貫徹道生「悟不自生，必藉信漸」義，謝靈運指出，「伏累」漸修的信解經驗，絕對是個體遞升到「滅累」頓悟的必要歷程，所謂「伏累彌久，至於滅累」以及「滅之時，在累伏之後」便是強調這個道理。而為了深一層明示「伏累」與「滅累」的不同，謝又說：

> 伏累滅累，貌同實累，不可不察。滅累之體，物我同忘，有無一觀。
> 伏累之狀，他己異情，空實殊見。殊實空異己他者，入於滯矣。一
> 無有同我物者，出於照也。（《廣弘明集》卷十八，磧砂卅一冊，頁
> 413）

他說「滅累之體，物我同忘，有無一觀」，顯然這種描寫，並不是普通意義的外在體驗，因為它已經直接契入道生不二空理的核心了。而相對於滅累的「伏累」義，按謝的說法，則仍處於二元的分別對待中，所謂「他己異情，空實殊見」者是。言下之意，即謂：見解頓悟的本體，是無分別智的；而信解漸修的本體，則仍未踏破分別智的牢籠。前者是直接出於「極照」之慧，堪稱真悟，而後者則不免「入於滯」，尚未究竟。如果將這個論解兜回道生「用信伏惑，悟以斷結」語，則道生的原意就更加明朗了。按謝的解釋，由於信解的閱歷都是依分別智安住起用，所以它最多只是完成「伏惑」的功能

而已；〔註17〕相形之下，從信解的閱歷中蛻化出來的頓悟見解，則能依無分別智的觀照，從根挖起無明虛妄的藤蔓，因此它可以成就「斷結」。方東美在〈道生的佛性論〉一文中云：

> 他（道生）在他的時代講佛學，以他很高的天份能夠認識佛學上面的造詣是：凡夫與佛有距離、小菩薩與大菩薩有距離、大菩薩與佛還是有距離。培養智慧是分了等次、分了層級的：起初也許是錯誤，然後是相對的知識、更完滿的相對知識、比較更高的相對知識，一直在知識的階梯上面不斷地向上爬。許多閱歷都經過了之後，第二層的時候，第一層的錯誤避免了；站在第三層的時候，第二層的錯誤又避免了。如此閱歷境界，最後把知識都點化了成爲完滿的知識，形成最高的智慧，就是從分別智裏面點化了成爲無分別智。（《中國大乘佛學》，頁151）

所謂「培養智慧是分等次層級」，用以形容「信解」和「見解」的不同，是最恰當的。其中，「信解」的伏惑漸修無疑便屬「一直在知識的階梯上面不斷向上爬」的情形，而「見解」的斷結頓悟，當即是最後「從分別智裏面點化了成爲無分別智」的具體實現。

由以上的敘述可知，信解與見解就功能上比較，確有不同。底下，我們嘗試再從「悟」的呈現探討二者的關係。

### （3）依悟的呈現看兩者關係

根據吉藏《二諦義》所引道生語云：

> 果報是變謝之場，生死是大夢之境。從生死至金剛心皆是夢。金剛後心，豁然大悟，無復所見也。（大正八九冊，頁111）

在了解這段文字涵義之前，我們不妨先回顧第二章所談過的「絕待的空性」及「言語道斷」的觀念，這對觀念極可能就是道生隱藏在背後的思想基礎。根據於這對觀念，很自然便可將頓悟的規模導入言亡慮絕的超越境界中，體現出超絕生死對待的般若空理。道生說「果報是變謝之場，生死是大夢之境」，若能通過上述思路予以透視，便不致難以理會。而所謂「豁然大悟，無復所

---

〔註17〕按照現有關於道生「信解」漸修的文獻來看，道生似乎只提示了漸修的「伏惑」功能而已，對於整個漸修的發展歷程（包括其間的次第、變化等等），他並無特別強調的記載。不過，我們仍須知道，漸修的歷程，絕對是一不可忽略的層面。當然，關於這部分，由於能夠掌握的文獻相當有限，本文並不能夠做恣意的處理，只好暫作保留。

見」者，其實就是證入不二空理後所昭顯的宇宙觀。

相應於此一頓「悟」的層面，我們再來檢視道生「信解非眞，悟發信謝」一語，就格外容易理會了。其中，「信解非眞」，不管是站在至理空性的絕待，或「言語道斷」的立場，都可推出這樣的結論；它和「從生死至金剛心皆是夢」一句所表達的道理，並無兩樣。而「悟發信謝」，則是說明行者在進入見解之悟的層次後，對於工具性的漸修信解必然的割捨；這一層道理，極容易讓人聯想起《金剛般若波羅蜜多經》上的一句話：

> 如來常說：汝等比丘，知我說法，如筏喻者，法尚應捨，何況非法。
>
> （磧砂五冊，頁 316）

所謂「如筏喻者」，對於「悟發信謝」一語，便是最生動的說明。所以，雖然信解對於發掘見解之悟，是一種十分必要的條件。但在實際印證空理、當下頓悟後，這些渡河的舟船，仍必須揚棄。

綜括以上的看法，我們可歸納爲幾點結論：

第一、道生認爲，頓悟的獲得，如果沒有信解漸修的努力，便不可能成就。因此，頓悟思想的體系裏，絕不排斥漸修。

第二、依「用信伏惑，悟以斷結」觀之，道生認爲，信解漸修的功效僅止於能「伏惑」而不能「斷結」，眞正能完成「斷結」使命的，只有見解之悟。

第三、進入見解頓悟後，信解漸修的色彩會自然褪除，這是站在悟境的絕待和「言語道斷」的立場觀照下，必然的發展。

上面所列的三點結論，完全是根據於信解和見解間的關係，所歸納出的原則。其中，較應重視的是第三點。

第三點雖是豁顯「悟發信謝」的意義，但其實所牽涉的問題並不單純。在這個小節裏，我們由於承接「理悟合一」的系統，所以對問題的處理，也就偏向於從般若空理的層面發揮，雖然也可以成說，但總有些許遺憾。主要原因是：道生的頓悟思想，在基本的信念上，是必須般若和佛性兩個系統彼此活絡運作，才能有健康的伸展。所以，我們似乎也可以考慮，再從佛性的層面，肯定「悟發信謝」的問題。

職是之故，本文下一步驟，便是試著由悟性與佛性的推極合一，以求圓融此一問題，並藉二性的合一，導出道生頓悟思想最終極的發展——頓悟成佛。

### （三）悟性與佛性的結合

這個單元，計劃從三個方向進行。第一，首先要從工夫義的佛性理路中，

推演出它與悟性的合一。第二，則是透過兩者的合一，開出悟性「自發自顯」和「一悟全悟」的本具特質。最後，則將主題導入「頓悟成佛」此一終極意義的完成。

其中，悟性與佛性的合一，是本單元的義理核心，經由它始可發展出另外兩個論點。所以，首先便從這一部分開始。

### （1）悟性與佛性的推極合一

道生在《法華疏》中說：

> 以神通力接諸大眾皆在虛空。所以接之者，欲明眾生大悟之分，皆成乎佛。（卍續一五〇冊，頁824）

「大悟之分」，在此原指佛性，它是使我們「成乎佛」的期望成為可能而又有意義的原理。不過，由於道生在這裏運用「大悟」一語，無形中便衍生出悟性和佛性之間的問題。

在第二章中，本文論述道生工夫義佛性思想時，曾特別提到般若直觀與佛性之間的密切連繫，其中推出的一個看法就是：「在佛性的『性本是真，舉體無偽』的表達底層，必須要有深刻無比的空理直觀體驗做為基礎才行。」這個論點，其實還可以有再進一層的發展。為凸顯其更深入的發展，底下便試由道生的幾則經疏予以展開：

1. 現佛性照極之時，不待食，離對待也。（《涅槃疏》，大正七三冊，頁393）

2. 除結惑之覆，為掘見佛性故，為出金藏故。（《涅槃疏》，大正七三冊，頁449）

3. 所以舉第一義空為佛性者，良以義類是同。（《涅槃疏》，大正七三冊，頁544）

我們將這三則文字對照於前述「悟」的觀點，不難看出佛性和悟性之間的關係。道生在1.裏面，明白指出：佛性充極的朗現，本身也就是不二之悟「照極」的朗現，二者同樣皆證得了「離對待」的空理境界。換句話說，道生認為，佛性和悟性推極的發展，基本上是一致的。而在2.之中，則明示斷除結惑與開掘佛性的關係，此一觀點如果能陪襯著「悟以斷結」的理解，就更加可以將佛性和悟性間的同質關係托顯出來。至於所謂「第一義空」者，透過悟理合一的聯想，其實只是不二之悟的活絡運用而已，兩者本質上並無不同。所以，推尋道生的思想，細予過濾融會，必可得出佛性與悟性「義類

是同」的結論。

不過，這個結論，仍然必須要搭配在道生工夫義的佛性實踐以及整個頓悟思想的架構上，才能顯出其積極的涵義。底下，略分兩部分推說。

第一、從〈辨宗論〉的根本論旨可知，謝靈運等人所理解的道生頓悟義，幾乎都僅只停留在頓悟的般若結構上，極少涉入「成佛」的終極旨趣。這種偏向的發展，對於頓悟思想如何導入「成佛」一義，並沒有具體的說明。此處如果能將趨悟的悟性，正式點潤為佛性，把頓悟的旨趣推極至「成佛」的目的，那麼，必可重新澄清並調整我們對道生頓悟思想的理解。

第二、既然佛性和悟性是一，那麼佛性在本體義方面所展示的性格，一定也同樣具現在悟性中。〔註18〕因此，所謂頓悟，本身必是內具悟性的一種自我喚醒的表現。當然，這並不表示它與漸修的脫節，事實上，在悟性未轉醒之前，個體仍然要「必藉信漸」，只有真正達到自發自顯的剎那，才有資格說「悟發信謝」。而且，這種悟性的啟動，不展開則已，一旦展開的話，絕對是滿證全分的成佛大悟。所以，悟性與佛性的結合，無疑是增加並擴大了我們對「悟」的原有認知。

針對第一點可知，全盤的頓悟思想，必須要透過般若與佛性兩個層面的共同強調，才能凸顯。而透過第二點，則是說明了佛性理論對於道生頓悟涵義，可能產生的影響。關於這兩點，湯用彤在《漢魏兩晉南北朝佛教史》中，亦曾有類似的說明，可以參考：

> 總而言之，生公頓悟，大義有二：（一）宗極妙一，理超象外。符理證體，自不容階級。……（二）佛生本有，見性成佛，即反本之謂。眾生稟此本以生，故闡提有性。反本者，真性之自發自顯，故悟者自悟。因悟者乃自悟，故與聞教而有信修者不同。（《漢魏兩晉南北朝佛教史》，頁668）

其中所謂「佛性本有，見性成佛，即反本之謂」一語，很能清楚而精確地表達頓悟思想的發展深義。這是我們在處理道生頓悟義時，不可忽略的一個層面。對於「反本」一義，我們早在第二章中即已有「工夫義佛性思想」的說明，並不打算在此重覆贅述。不過，我們倒可以嘗試從悟的「自發自顯」以及「一悟全悟」的特性中，繼續探討關於「悟」的問題。

---

〔註18〕佛性的本體、工夫二義根本上是一體不可分的。既然不二之悟的悟性可經由工夫義的歷程與佛性融合為一，那麼必然也可內接佛性的本體義性格。

### （2）悟的自發自顯及一悟全悟

道生在《涅槃疏》裏，曾提及「內照」一語，他說：

> 金剛為內照之實，實照體圓。（大正七三冊，頁 421）

這句話中的「金剛」，原是用以形容般若智性的堅固和銳利，不過我們若是將它視之為是形容「悟性」，也並無不可（事實上，不二之悟本來就需要堅利的金剛智慧才能彰顯）。因此，接上原來思路，我們可以說：依般若起用而呈現的不二之悟，是由「內照」而得。既然是「內照」，便可顯見不二之悟的完成並不由外（如信解等），它是一種在悟性內部自我彰顯及自我觀照的辯證歷程。這個道理，另外在《維摩疏》中，道生也藉「無無量生」一喻再做說明：

> 夫無無量生者，體生是無，故得之矣。……生本根於癡愛，是有者
> 之所惑，故宜於外推其體也；無無量生原在悟理，是得者之所達，
> 自應以正位，於內明之也。

道生指出：「原在悟理」的超越境界，不能「於外推其體」，因為它根本是悟性的自發自顯，只有「於內明之」的方式才能與它取得溝通。這說明了不二之悟本身自性起用的特質。道生此一見解，對於後起的禪學，顯然是起了深度的啟蒙作用。以慧能為例，他曾說：

> 萬法盡在自心，何不從自心中頓見真如本性。（《六祖大師法寶壇
> 經》，嘉興一冊，頁 397）

便和道生有同工之妙。

其次，關於「一悟全悟」的特性，道生在《涅槃疏》中，也曾經提及，他說：

> 寶珠入水，渾者皆清。言旨既現，不復渾迹。（大正七三冊，頁 406）

道生認為，只要能夠登上「言旨既現」的悟境，展現在眼前的，必定就是一個全盤通達、了無渣滓的全悟。所謂「渾者皆清」及「不復渾述」，便是印會這種全悟境界的證詞。前面曾節引〈涅槃無名論・詰漸〉十二語，其中有「不體則已，體應窮微」一句，也同樣是傳達這個訊息。另外，在《法華疏》內，道生又說：

> 一乘妙理，理無壅滯，如王者之印，無所不通。（卍續一五○冊，頁
> 813）

此處所謂「理無壅滯」、「無所不通」者，正是「一悟全悟」所朗現開發的境界。底下，方東美的一段話，就極能說明這層道理：

> 道生的哲學，高明之處在於：他曉得知識的顛峯狀態就是所謂最高
> 的智慧，把智慧本身投到宇宙裏面，它實質上就是最純潔的光明。
> 那光明照耀出來之後，宇宙的一切雲霧，都被驅散了，整個世界的
> 各種境界，都變作光天化日了。而在那種情形之下，就叫做般若與
> 菩提相應。(《中國大乘佛學》，頁 151)

方氏的這番話，不但是道生「一悟全悟」的展示，而且也是悟性與佛性推極
冥合的最好證明。從這裏，我們又繞回了主題，再度強化了悟性與佛性終歸
結合的說法。

　　而在此一主題的強化之下，呼之欲出的終極關懷便是：頓悟的本身，就
是成佛。

### （3）「頓悟成佛」義的開顯

　　隋碩法師在其《三論遊意義》文中，曾引述道生的思想，他說：

> 竺道生師用大頓悟義也。金剛以還，皆是大夢；金剛以後，皆是大
> 覺也。(大正八九冊，頁 121)

其中的「大覺」，除有相對於「大夢」而凸顯頓悟妙旨的效果外，另一方面，
也暗喻著「成佛」這一轉依境界的完成。〔註 19〕此外，據《南史》卷十九記
載，衷心服膺道生頓悟思想的謝靈運，亦曾對當時「事佛精懇」的會稽太守
孟顗說道：

> 得道應需慧業。丈人生天，當在靈運前。成佛必在靈運後。(《南史》
> 卷十九，頁 540)

也是將頓悟「慧業」的完成，與「成佛」相提並論。由此可知，道生的頓悟
思想，在終極的發展上，必會推出「頓悟成佛」的結論。

　　不過，在這裏我們必須說明的是：道生「頓悟成佛」的所謂「成佛」，並
不即指果地的佛，它所指的是「十住菩薩以金剛三昧，散壞塵習，轉入佛慧」
的境界。換言之，「成佛」於此僅是虛說，它所欲揭示的眞諦是：只要人能發
展他的悟性（佛性），在十地之後，必定可以憑藉「金剛三昧」的智慧，一次
就將所有的塵習結惑破斥乾淨，由此而「轉入佛慧」，證成法身實相的不二空
理。陳榮捷所謂的「理得則成佛」，便是站在這種角度立說的。事實上，依道

---

〔註 19〕「轉依」其實也就是轉識成智這一境界的簡稱。不過，本文在此僅暫用以相
　　　　對「大夢」設說，並不意味道生之「成佛」即是轉識成智。事實上，純依唯
　　　　識學理言，地上菩薩的修持，本身就是破一分無明，證一分眞如的工夫；從
　　　　初地開始，便可以有轉識成智的實際體驗了。

生思理言，在乍現頓悟得窺空理的當下，它的本身，其實也就代表「成佛」一義的完成，二者是在同一時間對顯的。呂澂在《中國佛學思想概論》中，曾將道生的想法做了一番說明：

> 道生認為，在十住內無悟道的可能，必須到十住之後，最後一念「金剛道心」，有一種像金剛堅固和鋒利的能力，一次將一切惑斷得乾乾淨淨，由此得到正覺，這就是所謂頓悟。(《中國佛學思想概論》，頁125)

其中，「得到正覺」，是在斷惑的當下，立即呈現的事實。由此可見，「得到正覺」的成佛和「悟以斷結」的頓悟，兩者是在同一個活動裏實現的。關於這一點，我們可以參讀方東美的一段話，做為印證：

> 假使到達那一種情形，用《大般涅槃經》的名辭，或者根據道生的根本信仰來說，就是：一切人在般若智慧之光裏面，把自己的人性顯現出來，然後與佛性化為同體。換句話說，假使我們借基督宗教裏面所用的名辭，那麼那時所謂人，不是普通的人，而是「神人」。用佛學上面的名辭，叫做大菩薩。在那種情形之下，可以說，每一個人都分享了成全的最高境界，亦即佛的法身。(《中國大乘佛學》，頁141)

的確，證入「佛的法身」，也就是道生所謂的「成佛」了。因此，「成佛」原只是說明精神修養到達空理境界的一種象徵，用方東美的話來說，只要個體能夠將「自己的人性顯現出來」，並達到所謂「與佛性化為同體」的地步，「成佛」便是一樁現成的事實。當然，促成這一事實呈現的，非十地頓悟莫屬。

綜合上述，我們可以歸納本小節的重點如下：

第一、道生頓悟體系中的悟性與佛性，實質上是合一的。藉著兩者的合一，順勢便可導出悟性「自發自顯」、「一悟全悟」等特質。

第二、在悟性與佛性推極合一的帶動下，必會開出「頓悟成佛」的轉依極境。此時所謂的「成佛」，意指證入不二空理、轉入佛慧的十住境界言。

第三、依道生思理言，乍現頓悟的當下，本身也就是「成佛」一義的完成。兩者是同時呈現的。

其中的第三點，如果搭配在道生「眾生皆有佛性」的思路裏，會更顯得有意義。事實上，道生認為，每一個人都是一位可能的佛，只要不空掉或離棄這個信念，「頓悟成佛」終究是可能的。當然，僅僅停滯在理念上的信仰是不夠的，道生更鼓勵人去做的，是「必藉信漸」的實際活動。所以，道生的

頓悟思想，對頓悟與漸修，始終是以和諧的方式將它們晶結在一起，印順在《我之宗教觀》書中，讚許道生的頓悟是「漸學的大頓悟說」（《我之宗教觀》，頁 58），便是一個十分相應的理解。〔註20〕

　　以上，我們已經對道生的頓悟思想，有了一番整體掌握，接下來的主題，是嘗試用省察的角度，對此一思想的影響及其現代的意義，進行評價。承此脈絡，本文緊接著便是導入下一章，繼續我們的探討。

〔註20〕如果跳開本文的脈絡，由唐代禪宗所謂「南頓北漸」的區劃來看，道生頓悟的基本性格，可能較趨向「北漸」派。

# 第四章　頓悟思想之評價
## 及其現代意義

　　在這個單元內，本文主要是依省察的方式，針對前述道生頓悟思想的各種論點，進行客觀的衡估。希望能藉由各種論點的有系統解釋和整理，突現出頓悟思想的應有評價及其現代意義。

## 第一節　頓悟思想之評價

　　本節的設計，擬分從「佛學中國化」、「禪宗、理學的啓蒙」、「印度佛學的融會」、「華嚴、涅槃地位提升」及「判教活動的進行」等五個層面，分別展開。首先，先談頓悟思想在「佛學中國化」上的具體貢獻。

### 一、積極推動佛學的中國化

　　前面，在闡述道生佛性思想及「理歸一極」觀點時，我們都一再推出儒佛相互會通的結論。依此基本定向，不難窺知，道生頓悟思想的內部，一定早已醞釀著佛學中國化的創造趨向。錢穆在《雙溪獨語》中，即曾說道：

> 只就生公一人爲例，佛教之中國化，不待隋唐天台華嚴禪宗興起，而已遠有淵源。抑且佛教思想轉成爲中國化的佛教思想後，其在全部中國思想之傳統內，終亦只成爲一環，而仍不失其全部思想中先後條貫之傳統性。（《雙溪獨語》，頁 162）

可見，道生確是使佛學接上中國傳統的重要關鍵人物。從他開始，佛學中國化的特色漸趨明顯，雖然當時儒家獨尊的局面早已過去，但在他的思想裏面，

却可強烈感受到佛學中國化的明顯發展。以其頓悟思想中所提示的真常佛性為例，就極能呼應於儒家的傳統，印順說：

> 生公真常妙心的理境，融化在中國儒家的文化中，於是能做出淨化
> 神秘的工作，使真常之道，接近平常。（《佛教史地考論》，頁 391）

由於道生能夠與儒家的文化彼此間建立共識，又加上他對真常佛性思想明銳的體悟，所以，在吸納印度佛學的過程中，便顯得伸縮自如，遊刃有餘。其中，他使「真常之道，接近平常」這一點，不但代表佛性思想的儒家化，而且也在無形中激發了本土學者對佛性義的興趣，道生卒後，僧旻等十二家在佛性思想領域分別展開的新說，便可為例示。〔註1〕

其次，正如吳怡在《禪與老莊》中所說的：

> 道生雖然集當代佛學的大成，但他絕不是一個墨守經義，替前人作
> 註解的和尚，他有中國文化的涵養，他有自己獨立的思想。他把所
> 承受的印度佛學拿來當柴燒，以鑄鍊堅固的中國佛學。（《禪與老
> 莊》，頁 61）

此處，「以中國文化的涵養」而「鑄鍊堅固的中國佛學」，正可表白道生的心願。事實上，在他的頓悟理念中，就已經可以看到這一趨向的發展了；尤其是「理歸一極」義對頑梗文化壁壘的突破，更屬當代僅有。印順就曾經給予道生這樣的評價：

> 他（道生）想使佛教中國化，使它合理化，使佛教的真理顯發出來；
> 他不肯阿世取容。這一切，在兩千年的中國佛教中，能有幾人。

的確，在中國思想史的發展裏，能像道生這般致力於佛學本土化的學者，並不多見。特別是他的「理歸一極」觀，正面鼓勵了佛學與中國傳統的結合，以共同會通的理境，而使不同文化背境的思想，透過彼此的誘掖輔協，接到同一個終極的真理上面。這一點，無論就氣魄或就做法言，都十分值得我們尊敬。

錢穆先生有一段話，似乎就很能說明道生的本願：

> 如《莊子·齊物論》所言，彼亦一是非，此亦一是非，是亦一無窮，
> 彼亦一無窮，將永不知道之通而為一之所在。惟貴能會其各別，尋
> 其相通處，則不僅儒道有相通，釋與儒道，亦有相通，自見有一條

---

〔註1〕「十二家」之說，源自吉藏的《大乘玄論》。關於詳細的名錄及有系統的分類，請讀者參見呂澂的《中國佛學思想概論》，頁 132～135。

　　主要線索貫串其間。得此線索，乃庶可以識得其傳統精神始終存在，
　　惟此乃是此一民族國家思想生命之所在。眞的新生命乃可由舊生命
　　中誕生，而仍爲同一生命。此一生命不絕，乃始可以使此民族國家，
　　亦承遠傳遞而不絕。……而道生諸高僧之闡揚佛教，亦復有一番中
　　國思想之傳統精神，隨時隨地而流露，其事亦無足怪。（《雙溪獨語》，
　　頁 170）

從這個立場來看，那麼，道生的闡揚「頓悟成佛」思想，無疑便是一種主動
創造文化溝通，以使民族國家思想生命傳遞不絕的嘗試。其在中國思想史上
的意義和價值，當然更加不容忽視了。

　　而順著佛學中國化的理解予以延伸，最後必可接上禪宗和理學的道路，
底下，續由此方面加以論述。

## 二、開啓禪宗與理學的道路

　　吳怡說：

　　道生思想與傳統佛學最大的不同，與當代佛家最大的爭執，就在頓
　　悟成佛之說；而這一說法，也正是揭此後數百年禪學大盛的先聲。

　　（《禪與老莊》，頁 63）

吳在此處明言：道生的頓悟成佛說，是開禪學的先聲。而道生的頓悟義，之
所以能成爲後代禪學先聲，最主要是得力於其「理不可分」及漸修頓悟的主
張，因爲它與禪宗初祖菩提達摩所力倡的《楞伽經》，在基本的想法上是暗合
的。據印順〈點頭頑石話生公〉曰：

　　生公是第一流的眞常論者，在印度佛教眞常論的發展中，就很有與
　　生公的悟見巧合的，如《楞伽經》的「淨除眾生自心現流，漸而非
　　頓。淨除眾生自心現流，亦復如是：頓現無相無所有清淨境界」。「於
　　第一義無次第相續，說無所有妄想寂滅法」，「言說別施設，眞實離
　　名字；分別應初業，修行示眞實」。這都是漸學頓悟而理無次第的。

　　（《佛教史地考論》，頁 390）

《楞伽經》的翻譯，是由求那跋陀羅在西元 443 年譯出，當時距道生圓寂已
將近十年（道生於西元 434 年圓寂）。從這個歷史背景看來，我們可說道生確
實是預取了禪宗初期的理論根本，而印順所謂「漸學頓悟而理無次第」，正是
道生頓悟思想直通禪學的主要媒介。方東美在〈道生的佛性論〉文中，曾對
這層道理提出下列的說明：

> 中國的禪宗，表面上是一個佛教的宗派，但是事實上在所謂超脫、
> 解放的要求這一方面，很像中國的老莊。而它講法滿狀態的佛性，
> 又變作孟子所謂善性。這三種最高的智慧滙結起來然後產生一個覺
> 悟是完滿的覺悟，這個覺悟在有修養的人裏面馬上卓然表現出來，
> 形成一種頓悟狀態。所以，眾生成佛的時候，在沒有成佛以前，當
> 然是慢慢來的，這是所謂漸修；但是就它的因圓果滿的狀態這一方
> 面看起來，的確是馬上就領悟這種最高的成就的。因此道生可以說
> 是禪宗這種頓悟的先導。(《中國大乘佛學》，頁 160)

禪的深度，只有靠頓悟才能丈量，而頓悟的獲得，又必須權藉趨向證悟的漸
修活動。這些都是道生頓悟思想內早已發展完成的信念，可見，道生對於後
起的禪宗，的確深具啓迪的意義。

其次，頓悟義所指陳的「理」，也極有可能是後代理學家「天理」概念的
直接淵源。方東美曾說：

> 他(指道生)講理性(即理)是講佛性，是講佛性上面所表現的理
> 性。……他所講的理性是貫徹宇宙一切境界的，它的樞紐在佛。這
> 正是宋儒從周濂溪起，到程顥、程頤，一直到朱子所講的天理。假
> 使不是道生在六朝以前提倡佛理賅一切境界，如果沒有這種學說作
> 前驅，則宋儒所謂天理之說，是很難產生的。(《中國大乘佛學》，頁
> 160)

此處，方東美所謂「理性」，意指頓悟成佛所表現的空理言。由於不二空理有
「貫徹宇宙一切境界」的特性，[註2] 可能因此而使頓悟思想在無形中，成為
促發宋儒天理說興起的先驅。

另外，本文稍前所引道生之「乖理為惑，感必萬殊」觀念，也和宋明新
儒家「理一分殊」說的建立，有相當密切的關係，陳榮捷在〈新儒學「理」
之思想之演進〉一文中，曾如是說道：

> 道生云「乖理為惑，惑必萬殊」。萬殊指事，因而事理觀，乃較以前
> 更為強烈。理一分殊，為新儒家根本學說之一。人固不知其源自道
> 生也。(《中國哲學資料》，頁 34)

---

〔註 2〕關於這一特性，請回顧本文第二章「法身實相之理」部分。方東美以為道生
　　　　的空理是宋儒天理說的前驅，基本上是站在它們之間的共通點立說，並非即
　　　　意指空理就是天理。這一點，我們宜應先予解明。

由此可知，道生頓悟思想不僅可能在宋儒天理說中扮演前驅的角色，而且復能以「理一分殊」的思想格局啓迪後起的理學，可見，頓悟思想應是新儒家蘊育發展歷程中，不可忽視的動力之一。

　　當然，在融合傳統、開創義學新局的同時，道生也意識到，只有積極統會印度佛學的精華，打通各種經論義理間的隔閡，佛學中國化的課題，才是真正的落實。因此，我們在強調道生致力佛學中國化這個工作時，除了著眼中國傳統的一面外，對於他在統會印度佛學的實際成就，也不應忽視。下面，即由此一思路展開。

## 三、融會當代印度佛學精華

　　湯用彤在《漢魏兩晉南北朝佛教史》中說：

> 我國譯經，自道安之後大盛。道安在長安，所出多屬一切有部。羅
> 什在長安時，所出注重般若三論。曇無讖在涼州所譯，以涅槃爲要。
> 竺道生者，蓋能直接此三源頭，吸收眾流，又加之以慧解，固是中
> 華佛學史上有數之人才。(《漢魏兩晉南北朝佛教史》，頁 610)

依此看法，道生可以說是總滙有部、般若、涅槃於一爐的始創人。由於他能「吸收眾流，又加之以慧解」，因此，其個人理論上的突破與哲理的創發力，都屬空前。道生的同輩慧觀，在元嘉十三年（道生卒後三年）撰〈勝鬘經序〉時，曾說：

> 創基覆簣而雲峯已搆，沖想一興而淵悟載豁。言踰常訓，旨越舊篇。
> 故發心希聖而神儀曜靈，歸無別章而歎德斯備。(《出三藏記集》卷
> 九，磧砂廿九冊，頁 310)

雖是對經義的讚美，但用以形容於道生，似乎也十分恰當。尤其「言踰常訓，旨越舊篇」語，更是道生創造心靈最好的詮釋。此處，我們可以引用上一章曾介紹過的「開示悟入」例，做爲說明。

　　所謂「開示悟入」，原出《法華經》卷一（以羅什譯本爲主），本義是在宣示諸佛世尊出現於世的動機和目的，其文曰：

> 諸佛世尊，唯以一大事因緣故出現於世。舍利弗，云何名諸佛世尊，
> 唯以一大事因緣故出現於世。諸佛世尊，欲令眾生開佛知見，使得
> 清淨故，出現於世。欲示眾生佛之知見故，出現於世。欲令生悟佛
> 知見故，出現於世。欲令眾生入佛知見道故，出現於世。舍利弗，
> 是爲諸佛以一大事因緣故，出現於世。(磧砂九冊，頁 133)

可見，原來的「開示悟入」，只是純粹解明諸佛「出現於世」的因緣而已。然而，這一套觀念，在道生的心目中，却有了迥異於前的大翻轉。從上一章第一節（二）的引用可知，道生已經從「開示悟入」的原有論旨中，轉移他的與趣，直接推進到「十地」的方向裏。易言之，他雖然也注解經文，但絕非是以一個被動保守、逐字細校的方式去做哲理的思維；道生顯然清楚地意識到，只有通過不同思想的引介參證，才能發現經典的深義，也才可能開拓出更多更新的哲學課題。這一點，我們從慧琳的〈竺道生法師誄〉一文中，也可找到印證，文中慧琳形容道生為：

> 乃收迷獨運，存履遺跡。於是眾經雲披，群疑冰釋。釋迦之旨，淡然可尋。珍怪之辭，皆成通論。（《廣弘明集》卷廿三，磧砂卅一冊，頁 455）

的確，從道生開始，許多不同體系的佛學思想，才逐漸破除彼此僵固的界域，而進行交會融合。以道生頓悟義為例，就充分發揮了般若思想和佛性思想的特色；其中，統攝的經典，除了般若系和涅槃系的典籍以外，並涵蓋了華嚴十地、法華、阿毗曇等，幾乎已經完全會通了當時所有的佛學思想。慧琳所謂「眾經雲披，群疑冰釋」及「珍怪之辭，皆成通論」，想係即指這方面而言。

　　而此一理路，對於後來佛教義學的發展，顯然有廣大的影響。其中，華嚴、涅槃地位的提昇，即屬犖犖大者。

## 四、提升華嚴、涅槃的地位

　　由於道生的頓悟思想，特別深化了十地及佛性的義理，使得原本不太受重視的《華嚴經》和《涅槃經》，地位顯著提升。其影響所及，便是導致佛教義學研究動向，也轉而朝華嚴十地及涅槃佛性的探求方向發展。

　　《續高僧傳》卷五〈僧旻傳〉曰：

> 宋世貴道生，頓悟以通經。（磧砂卅冊，頁 697）

其中「經」字，即指《涅槃經》而言。足見涅槃佛性思想經過道生的提倡，在南朝已經有穩固紮實的基礎。據湯用彤考證，當時祖述道生涅槃思想的即多達十二家，〔註3〕由此可說明南朝研究涅槃風氣之盛。

　　至於華嚴十地思想，自從道生以十地頓悟的姿態為它做了演示之後，學者的研習及弘傳便逐漸興盛。依黃懺華〈地論宗源流與學說〉一文所載，道

---

〔註 3〕屬於道生系統的涅槃學者，依湯氏說法，共有寶林等十二人，詳細的出處考證及名錄，請參閱《漢魏兩晉南北朝佛教史》，頁 677〜678。

生之後，十地思想始終仍駸駸稱盛、綿延不絕，其中慧光、法上等人，更以清研《十地經論》而創立地論宗南道派，直接影響了智儼，成爲華嚴宗的前身。〔註4〕

湛然的《法華玄義釋籤》曾云：

> 開善以涅槃騰譽，莊嚴以十地勝轡擅名。（嘉興二冊，頁109）

開善和莊嚴都是道生以後，南朝著名的學僧，他們各以涅槃及十地的學術成就騰譽當時。由此不難看出，道生的頓悟思想，確實帶動了涅槃和華嚴的成長，使二者在義學研究的領域內，扮演重要的角色。

這裏面，特別值得一提的是：道生頓悟義對於華嚴宗的實際影響。陳榮捷在〈新儒家「理」之思想之演進〉文中，曾推許道生當時的學術思潮，是開法藏「理事無礙」新境的主要動力，他說：

> 理既同於涅槃，因而理爲超越，則窮理亦即成佛之道。事與理的對立已不絕對。由於佛學之益見中國化，事與理之尖銳對立，已開始衰退。此一過程直至法藏乃臻於事理圓融之境。（《中國哲學資料書》，頁34）

其中，「理同涅槃」、「窮理成佛」乃至「佛學中國化」，基本上都與道生頓悟思想相契配，由此可見，道生對於華嚴宗的理事圓融說，可能也有很重要的影響。另外，華嚴宗第四祖清涼國師，也極可能深受道生頓悟義的熏陶，在他的《華嚴經疏序演義鈔》卷十一，就曾有「理歸一極」說的影子，他說：

> 昔說三理，謂各別證；今云法身是同，更無異味。昔言有三，是方便門，則閉於一實；今云無三，則一理自顯。……唯有極果無上菩提，心生歡喜，自知作佛，則實相顯矣。（嘉興八冊，頁615）

文中詮釋理體時，既引法身又引實相，可證清涼意指的「理」，即是道生所強調的不二空理。而所謂「更無異味」、「唯有極果」者，則根本是「理歸一極」說的翻版，無怪乎劉貴傑會認爲清涼「乃道生頓悟思想之繼承者」（《竺道生思想之研究》，頁112）。從這些地方就可看出來，道生的頓悟思想，不僅在教理研究的領域中，積極拔昇了華嚴的地位，而且對於後來華嚴宗的設論立說，可能也存在著相當持續而深刻的影響力。

---

〔註4〕黃懺華〈地論宗源流與學說〉一文，現收錄於《魏晉南北朝佛教小史》，頁187～197。本段的說法，主要摘取自黃文第一節「地論宗南道派的法系」，請讀者參閱。

## 五、鼓舞判教活動的進行

所謂「判教」，依呂澂之說，其原型來自《涅槃》，呂在《中國佛學思想概論》中說：

> 《大涅槃經·聖行品》中，講到佛說有各種經類，並依它們發展的次第作了安排：「譬如從牛出乳，從乳出酪，從酪出生酥，從生酥出熟酥，從熟酥出醍醐。」佛說的經也是如此，「從佛出十二部經，從十二部經出修多羅，從修多羅出方等，從方等出般若，從般若出涅槃」。……由於有這些說法，佛學家遂產生了佛經的全體應有一個組織的看法。儘管佛經的種類眾多，但應有其內在的體系，理當得到相應的次第安排。這樣，自然而然地出現了所謂「判教」的說法。（《中國佛學思想概論》，頁 129）

可見，判教的產生，原是相應於經教的統會而導出的必然反應。南朝時期，由於典籍的大量翻譯，再加以道生等人頓漸之爭的刺激，使學者們深切體會到面對繁多的經教時，確實有作一層序定位的必要。而在當時，第一個投入具體判教工作的，便是與謝靈運一起改訂《涅槃經》的慧觀。〔註5〕

據《大明三藏法數》載，慧觀曾將當時佛說經教總分為「頓教」、「漸教」兩大類。其中，「頓教」以華嚴為主，「漸教」則應用了《涅槃經》的論旨，依施化次第再細分五種順序，按《大明三藏法數》的記載是：

（一）有相教。謂如來於十二年前，廣制眾戒，皆是因果實有之法，小乘於此得道，是名有相教。

（二）無相教。謂如來說《四阿含經》後，即說般若空慧法門，空諸有相，小乘解空得道，是名無相教。

（三）抑揚教。謂如來說《淨若》《思益》等經，抑挫小果聲聞，褒揚大乘菩薩，是名抑揚教。

（四）同歸教。謂如來說般若之後，涅槃之前，說《法華經》以會三歸一，萬善悉向菩提，是名同歸教。

（五）常住教。謂如來說《涅槃經》，明一切眾生皆有佛性，一闡提輩皆得作佛。廣談佛性，勝演圓常，是名常住教。（嘉興六冊，頁668）

---

〔註 5〕慧觀是否為第一位具體投入判教工作的學僧，迄今仍無定論。本文的論點，主要參考自呂澂之說。請參見《中國佛學思想概論》，頁 130。

這裏面，「有相教」指的是小乘的阿含典籍，「無相教」則指般若系統的經典而言。至於「抑揚教」，則專指對大小乘分別高下的經教，重點在《淨名》、《思益》等經。而所謂「同歸教」，主要典籍則是提倡「會三歸一」的《法華》。最後的「常住教」，是「廣談佛性，勝演圓常」的最究竟經教，亦即《涅槃經》。這一系列的判教，不但說明了各種經教存在的理由，而且也使當時百花怒放、萬流競進的佛學思想，得以納入一個客觀的學術規制裏。姑且不談慧觀的判教是否具備嚴密的推論意義，它對後代的影響，絕對是無庸置疑的。慧觀以後，幾乎大部分的判教見解，都曾經以他的頓漸二教為取捨從違的參考藍圖。以道生為例，他在宋文帝元嘉九年，於廬山立所謂「四種法輪」說時，〔註6〕可能就是暗取了慧觀的看法。呂澂在《中國佛學思想概論》即寫道：

> 慧觀這樣的判教，發生的影響很大，特別是在江南一帶，後來雖有
> 另外一些判教的說法，基本上都沒有超出它的範圍。道生晚年在廬
> 山改訂《法華經疏》時，也有與「漸教五時」相同的看法。他在經
> 注的開頭說，佛家所說之教，不出四種法輪，並有其次第，即「善
> 淨」、「方便」、「真實」、「無餘」。與這個順序相應的，乃是阿含、般
> 若、法華、涅槃各經。他也把涅槃看成佛說的最高階級。（《中國佛
> 學思想概論》，頁130）

可見慧觀的判教，對道生而言，是心有戚戚焉的。

而慧觀之所以能建立頓漸二教的判釋，最主要又與道生頓悟思想有關。由於十地頓悟的提出，大舉拔昇了華嚴和涅槃的地位，才使得慧觀的判教得到理論上的支持和依據。因此，我們可以說，道生雖未直接有力地開拓判教的規模，但其頓悟思想卻鼓舞這個工作的進行，藍吉富在《中國佛教人物與制度》中，將道生與慧觀并論，推許二人「同為後世教判的淵源」（《中國佛教人物與制度》，頁55），便是一個最適切的理解。

以上，本文分別從「佛學中國化」等五個層面，估定頓悟思想在中國學術發展中的歷史價值及應有地位。依此，可見出道生頓悟理念的客觀評價。底下，為深一層發掘頓悟思想的可能義蘊，續由「現代意義」這一層面予以檢視。

---

〔註6〕元嘉九年，也就是道生圓寂的前兩年。而所謂「四種法輪」之說，見於《法華疏》內，卍續一五〇冊，頁800。

# 第二節　頓悟思想的現代意義

在這一節裏面，本文計劃從「基督教本土化問題」、「現階段台灣情形」以及「現代學術層面」等方向，分別落實頓悟思想的現代意義。首先，就先從「基督教本土化問題」開始。

## 一、對面臨本土化困境的基督教而言

西方的上帝或耶穌信仰，在中國已經有幾百年的傳播歷史，但始終無法真正本土化，原因之一即在他們無法承認人可以成神的看法。換句話說，在中國傳統裏向來被認爲爲天經地義的「人可以爲堯舜」的論調，對於正統的基督教理論而言，可能就是一個嚴重的神學問題。

即以此一情形觀之，道生的頓悟思想，顯然便極具參考意義。事實上，依道生的時代背景來看，當時的佛教也正面臨了本土化的問題，著名的格義佛學，就是本土化運動的產物。而以道生言，他的頓悟思想，雖在本質上也具有印度佛學的教理基礎，但其表現出來的思考傾向，仍富於濃厚的本土化色彩，如他所說的「眾生大悟之分，皆成乎佛」一語，便顯與儒家成聖的基調密切呼應。錢穆推許道生是「用孔孟會通佛教」，便可顯見道生確實是佛教本土化運動中的佼佼者。

而道生頓悟思想成功地內接於傳統的實例，我們認爲，至少有兩點對現代亟謀本土化的基督教，是有啓示意義的：

第一、強調自作主宰的精神。道生頓悟思想中的「成佛」，基本上是透過個體自我的奮鬥和努力才完成的。所謂地上菩薩的十住階次，並不是佛或上帝之力所促成，它完全是菩薩憑藉自己實修實證、點滴累積而得，甚至在最後「悟發信謝」的俄頃，也全係自發自顯。可見道生的「成佛」，重視的是自作主宰的「自力」精神，這一點和儒者「爲仁由己」的聖賢工夫是相接通的。基督教的教理，如果也能斟酌此一範式，嘗試將人類生命的主宰權，由上帝之手轉移到人類身上，強化人類自己作主的信念，那麼，再度面對中國文化時，一定可以避免許多不必要的阻力和限制。

第二、將理想人格內化。佛或上帝，其實都是一種理想人格，用道生的觀點言，這種理想的人格，是可以經由空理而內證的；也就是說，「成佛」是一種可以內化的眞實感受，它並不見得就是一種虛無飄渺的外在狀態。此一思路，與孔子「吾欲仁，斯仁至矣」的想法，是站在同一線上的。如果基督

教也能發展出上帝與人類內化為一的觀念，並肯定人可以成為上帝的事實，則不但可濟教理之窮，充盈其信仰的精神內涵，連本土化的危機和困境，也都可以漸次克服。

當然，造成基督教在中國施展不開的因素極為複雜，它與中國傳統的不搭調，亦非僅在人神合一的觀點上。在這裏，當然不宜探討其複雜的原因。本文於此只想指出一點，任何一種外來的異質思想，如果要在中國生根，它與中國的傳統一定要建立起一定程度的密切連繫，尤其是在起步的階段，必須努力尋求一切會通的可能線索，從深厚的傳統資源中廣開接引之道，唯有如此，這個思想才能在中國弘揚起來；否則，任何一種外來思想，都很難得蓬勃發展。道生頓悟思想，對於今天面臨本土化困境的基督教，便顯有這層發人深思的意義。

而順此理路延伸，它對於現階段的臺灣，也一樣具有難以磨滅的價值。

## 二、對現階段遭遇轉型期變化的台灣而言

就現階段臺灣情形而言，步入已開發國家之林，已是相當清晰的目標。然而，就在我們堂皇進入新里程之際，却相對地付出轉型期的陣痛代價；其中，新舊文化的對立以及民主改革所衍生的脫序現象，是屬於影響層面比較嚴重的問題。尅此觀之，道生頓悟理念可以有下列意義：

第一、傳統與現代對立的消除。道生在融鑄佛學與中國傳統之時，基本上並不主張用對立的思考方式，因為他認為傳統的儒家智慧，依舊是消化新思想的最大資源。所以，傳統的儒家性善論對道生來說，不但不是一個沉重的累贅，而且還是吸收佛性論的基礎結構。〔註7〕他將孔孟的精髓注入印度佛學內，就是消弭新舊對立的一種做法，在他的心目中，中國的傳統文代，本身即為一個極富高度應變彈性的有機體。這一觀念和目前臺灣部分銳意革新的人士，刻意將傳統型塑為保守、不求進取、缺乏創造力的意識型態，是大不相同的。事實上，以道生的觀念言，中國的傳統文化之所以可貴，就在於它能不斷推陳出新、適應時代的挑戰。所以，基本上他並不主張因為追求新思想，便抵制或漠視傳統，道生認為：只有主動創造傳統並運用其新義，才是有效推動整個民族邁入新境的不二法門，他能從孔孟的基礎內延伸出頓悟成佛的義理，便是鮮明的示例。

---

〔註7〕道生在大經未至之前，即能預見經義的必至之理。這一事實，如果不從神通或偶合的角度看，那麼，傳統儒家的性善論影響，應是最適當的解釋。

第二、漸進的改革。頓悟思想所強調的核心，固然是在十地無生法忍的頓悟，但道生也同時認為「悟不自生，必藉信漸」，他更重視趨悟的歷程所需付出的心血和努力，如果抽離了這些心血與努力，那麼頓悟無疑是不可能存在的。這一基本精神，反映在當前的臺灣，是格外具於深義的。尤其解嚴以後，我們的領導和決策階層，正以一日千里的雷霆之勢，加速國家民主化的腳步，過去的許多禁令和限制，已經隨著社會的開放逐漸解除。這些由政治力量支持的開放措施，確實有效的提供給人民更多的自由空間，打破過去僵化而冷漠的封閉政策，為真正的民主真諦創造有利的發展環境。然而，解嚴以來，我們國家的安全或社會的穩定，不但不能如預期的更加得到保障，反而經常飽受威脅，處處暴露著越軌與脫序。反省它的原因，最主要便是國人無法相應地建立民主的正確認識；尤其少數激進人士的濫用民主，他們的作為與過激的言論，不要說對民主缺乏真知卓見，可能連最基本的常識都不足。而這個實際教訓便是告訴我們，任何一種求新的改革，都不是一蹴可幾的，正如道生理想中的頓悟，也不是一步登天一般，它們的背後都必須支付出長期累進的努力。此種漸進的歷程，如果在我們決定重大政策時被拋落，而一直要等到政策施行後，發現百廢待舉、困難重重，那時再經營補救之道，恐怕都早已弊端叢生、緩不濟急了。因此，道生漸修頓悟的信念，是可以提供目前臺灣政策革新的有力參考。

此外，道生頓悟思想中的理念，對於現代學術而言，也相當有價值。底下，即試由此一角度推展。

## 三、在現代學術中的意義

關於道生頓悟思想，對於現代學術的意義，可以從底下三個部分來看：

第一、強調學術的創造性。如前面曾提及的，「無為」本是清談家思維中所溝設出來的玄理境界，和龍樹畢竟空的空理本無掛搭。但道生却能靈活巧妙地將之做一創造性的運用，使「無為」轉化成空理，變成解釋其「理不可分」義的輔佐工具。此一做法的本身，便代表了他的獨特創意。這對於目前從事於學術工作的知識份子而言，毋寧是有正面啟示意義。事實上，一個成功的學術研究，如要支撐久遠，表現其強大的持續力，就非從學術創造上努力不可，尤其處在知識日新月異的今天，學術工作者自身的創發能力，更是決定其研究是否成功的要素之一。道生的頓悟思想，之所以能透出時代的局限，而為後人所垂青，除了他精彩的思想內容外，其不斷推陳出新的創意，

也是原因之一。

第二、強化堅守眞理的決心。由「闡提成佛」事件可知，道生是一個很能堅守自己學術理想的人。他在「當眾被擯」這種最孤獨無援的逆境中，依然能自我激勵、不捨眞理，這對於現代的學術而言，無異是樹立了一個典範。在目前，要做爲一個學術研究的工作者，其所扮演的角色，既是艱難也富於挑戰（尤其文史哲方面）；因爲，他一方面要在自己獨屬的研究領域上默默耕耘，開出新見地，另一方面又要隨時迎戰如狂颸驟雨般的社會流行價值。如此經常性的拉鋸戰，研究者若無一番堅強的自我肯定和對眞理的執著，他的學術生命是很難恒續下去的。而道生的典範，便在啓示我們：不管環境如何困難，只要能堅守自己的眞理信念，所有曾經付出的一切努力，永遠不會被埋沒。

第三、打通學術之間的隔閡。在論述道生頓悟理論基礎之時，本文推出的結論是：外表上乍看相悖的般若、佛性思想，在道生的心目中已做了同體的整合。也就是說：道生已經徹底地融會兩種思想爲一。這個事實反映在今天的學術界裏面，是格外具於意義的。以目前人文領域與科技學門各守門戶、彼此難以溝通的情況爲例，道生的理念，就相當富有參考價值。事實上，造成今天人文、科技互不相通的主因，並非溝通機會的匱乏，而是雙方閉關自守的意結沒有破除；更具體推究起來，則是由於懼怕「交流」的心理在作祟，因爲雙方都深恐自己資源不足，很難在對方的領域內建立尊嚴。所以，相緣於般若與佛性而發展成功的頓悟理念，在這裏，就很有鼓舞交流的意義。我們相信，雙方如能努力矯正自己過去錯誤的壁壘心態，嘗試逐漸擴伸涵外的視野，那麼，人文與科技的充分結合，並非不可能。一樣的道理，可以適用在各種形諸對立的領域內，它對於消解不同意識型態所引生的抗爭，自有一番正面的效益。

總結上述，本章的主要論點可歸納如下：

第一、道生頓悟思想不僅融會了印度傳入的佛學思想，而且更積極推動佛學中國化的進行。前者是對印度佛學的重新整合有貢獻，後者則爲佛教本土化的運動開闢光明的遠景。

第二、由於頓悟思想對於華嚴十地及涅槃佛性的獨特開發，使華嚴和涅槃兩者的思想地位大幅提升，成爲當時義學研究的中心。而此一學風的持續延伸，便是直接影響了慧觀的「判教」以及「華嚴宗」的設論立說。

　　第三、由於頓悟義中的「理不可分」、「漸學頓悟」等主張，充分預取了禪宗初期理論的基礎。所以，道生的頓悟思想堪稱禪宗之先聲。另外，頓悟義中所標榜的「理」，也直接成為新儒家力倡的天理說或「理一分殊」說的可能淵源。

　　第四、道生頓悟思想成功地內接於傳統的實例，對於目前面臨中國化困境的基督教而言，可以提供兩方面的啟示：一是自作主宰精神的強調，一是理想人格的內化。而這兩種理念，都與中國傳統的精神息息相關。

　　第五、對於現階段的台灣而言，頓悟思想提示兩個重要的意義：一是傳統與現代對立的消除，一是政策革新的漸進化。

　　第六、道生的頓悟思想，就其強調學術的創造性、鼓勵堅守學術真理以及溝通異質對立思想而言，都對現代學術的發展，深具啟迪意義。

　　據上述可知：道生頓悟思想確實可以融洽古今，而不為其時代所局限。方東美稱讚道生是一個能夠「表現真正的精神不死」的人（《中國大乘佛學》，頁 125），若從前面的敍述觀之，一點也不誇張。

# 第五章 結 論

　　道生所處的時代，正值晉末宋初，從當時的時代環境來看，政治情勢的跑蹌顛簸、門閥專權的壟斷以及黎民現實生計的困難，都很可能是促發道生重新省思真常佛性的問題，進而開出「頓悟成佛」說的重要誘因。另外，若由當時的學術背景觀之，儒學的衰微和玄學之代興，以及當時佛教格義思潮內部的蛻變，再加上道生源自其師友傳承的諸多思想，也都是型塑其頓悟思想的可能淵源。以上這些觀念，即本文在第一章內所處理的基本課題。

　　再者，從道生主張頓悟是「以不二之悟，符不分之理」的說法，以及其「頓悟成佛」說的主要架構來看，頓悟思想的理論基礎，實質上是定位在般若及佛性兩大體系之中。透過道生般若思想的絕待、言語道斷、二諦相即，以至於推入空理的辯證發展裏，我們可以檢視出頓悟思想所以立說的依據。而從其佛性思想本體義、工夫義的逐一剝解，則可以解釋並釐清道生何以發展出「頓悟成佛」的基本理路。其中，本體義的佛性思想，更甚至在佛學中國化的歷程上，扮演不容忽視的重要角色。上述的論點，即本文在第二章中所關心的主題。

　　至於本文第三章部分，主要的重點，則在於通過道生當時頓漸之爭的探討，與頓悟思想中的「理」、「悟」兩個層面的深化，以發掘道生頓悟思想的義理內容。在這一章裏面，本文儘量運用道生的著述資料和當時的相關文獻，做合理的歸納和過濾，儘可能還原出道生頓悟思想的本有面目。

　　其次，頓悟思想在中國學術發展中的歷史價值及應有地位，也是一個很值得重視的問題。本文第四章第一節部分，分別由「佛學中國化」、「禪宗理學的啓蒙」、「印度佛學的融會」、「華嚴涅槃地位的提昇」以及「判教活動的

進行」等五方面來強調，用意即在嘗試藉此估定出頓悟思想應有的客觀評價。至於第四章的第二節部分，則純粹只是一個試探性質的擴伸推演，主要目的在於凸顯道生頓悟義之理念精神在現代的適用性及可能具有的啓示或價值。

由於本文的系統，基本的重心即在還原道生頓悟思想的原貌，因此，章節的安排及主題的設計，亦主要依道生存世的著述及當時相關文獻爲發展的根據。對於後起的禪宗，雖然我們也深知其確有一套更爲精審詳密的頓悟說法，但限於本文系統上的考慮，僅以旁觀的方式處理之，不做大幅度的引介。此外，因爲受個人外語讀解能力之限，對於研究道生思想的外文著述，多半無法做深入的了解。這些都是本文的不足處，希望將來有機會，能做這方面的補充或修正。

道生頓悟思想，迄今學界仍無專篇的論文，本文之作，受資料及個人才學的限制，可能亦僅及門牆而未登堂入室。懇請諸方博雅君子，不吝指正，是所至盼。

# 本文實際參考及引用文獻

## 一、大藏經部分

### （一）大正藏　中華佛教文化館大藏經委員會 46 年版。

1. 《大般涅槃經集解》，梁寶亮編，第七三冊。
2. 《二諦義》，胡吉藏撰，第八九冊。
3. 《三論遊意義》，碩法師撰，第八九冊。
4. 《大乘大義章》，慧遠撰，第八九冊。

### （二）卍續藏　新文豐 65 年版

1. 《大乘四論玄義》，唐均正撰，第七四冊。
2. 《名僧傳抄》，梁寶唱撰，第一三四冊。
3. 《妙法蓮華經疏》，竺道生撰，第一五〇冊。
4. 《肇論疏》，晉慧達撰，第一五〇冊。

### （三）卍正藏　新文豐 69 年版

1. 《阿毗曇心論》，僧伽提婆共慧遠譯，第四七冊。

### （四）磧砂藏　新文豐 75 年版

1. 《金剛般若波羅蜜經》，姚秦鳩摩羅什譯，第五冊。
2. 《漸備一切智德經》，晉竺法護譯，第八冊。
3. 《十住經》，姚秦鳩摩羅什譯，第八冊。
4. 《大般涅槃經》（四十卷本），北涼曇無讖譯，第八冊。
5. 《大般泥洹經》（六卷本），晉法顯共覺賢譯，第八冊。
6. 《妙法蓮華經》，姚秦鳩摩羅什譯，第九冊。

7. 《維摩詰所説經》，姚秦鳩摩羅什譯，第九冊。

8. 《入楞伽經》，元魏菩提留支譯，第十冊。

9. 《首楞嚴三昧經》，姚秦鳩摩羅什譯，第十二冊。

10. 《大智度論》，姚秦鳩摩羅什譯，第十四冊。

11. 《大地經論》，元魏菩提留支譯，第十四冊。

12. 《中論》，姚秦鳩摩羅什譯，第十六冊。

13. 《十二門論》，姚秦鳩摩羅什譯，第十六冊。

14. 《百論》，姚秦鳩摩羅什譯，第十六冊。

15. 《十住毘婆沙論》，姚秦鳩摩羅什譯，第十六冊。

16. 《阿毗曇甘露味論》，曹魏時人譯（失譯者名），第廿六冊。

17. 《出三藏記集》，梁僧祐撰，第廿九冊。

18. 《歷代三寶記》，隋費長房撰，第廿九冊。

19. 《大唐內典錄》，唐道宣撰，第廿九冊。

20. 《高僧傳》，梁慧皎撰，第卅冊。

21. 《續高僧傳》，唐道宣撰，第卅冊。

22. 《弘明集》，梁僧祐撰，第卅一冊。

23. 《廣弘明集》，唐道宣撰，第卅一冊。

24. 《大般涅槃經》（卅六卷本），北涼曇無讖譯‧慧嚴、慧觀及謝靈運再治，第卅五冊。

### （五）嘉興藏　新文豐 75 年版

1. 《六祖大師法寶壇經》，元宗寶編，第一冊。

2. 《法華玄義釋籤》，唐湛然撰，第二冊。

3. 《金光明經玄義》，隋智顗撰，第三冊。

4. 《法界次第初門》，隋智顗撰，第四冊。

5. 《大明三藏法數》，明一如等編，第六冊。

6. 《維摩詰所説經註》，後秦僧肇等撰，第八冊。

7. 《華嚴經疏序演義鈔》，唐清涼（澄觀）撰，第八冊。

8. 《佛祖統記》，宋志磐撰，第十冊。

9. 《肇論》，後秦僧肇撰，第廿冊。

## 二、專書部分

1. 《禪與老莊》，吳怡著，三民 59 年版。

2. 《中國佛教史》，宇井伯壽著・李世傑譯，協志 59 年版。

3. 《二十二史劄記》，趙翼著，樂天 60 年版。

4. 《禪佛教入門》，鈴木大拙著・李世傑譯，協志 61 年版。

5. 《人生的解脫與佛教思想》，木村泰賢著・巴壺天、李世傑合譯，協志 62 年版。

6. 《中國佛教史》，蔣維喬著，史學 63 年版。

7. 《文選》，梁蕭統編・唐李善注，北一 63 年版。

8. 《天主教中國化之探討》，李善修著，光啓 65 年版。

9. 《世界諸宗教中的基督教》，湯恩比著・陳明福、鄭志岳譯，協志 65 年版。

10. 《佛教中觀哲學》，梶山雄一著・吳汝鈞譯，佛光 67 年版。

11. 《中國佛教史論集》（四），張曼濤編，現代佛教學術叢刊之十三，大乘文化 67 年版。

12. 《佛教人物史話》，張曼濤編，現代佛教學術叢刊之四九，大乘文化 67 年版。

13. 《部派佛教與阿毗達磨》，張曼濤編，現代佛教學術叢刊之九五，大乘文化 68 年版。

14. 《般若思想研究》，張曼濤編，現代佛教學術叢刊之四五，大乘文化 68 年版。

15. 《中國哲學資料書》，陳榮捷著，仰哲 68 年版。

16. 《魏晉南北朝佛教小史》，黃懺華等著，大乘文化 68 年版。

17. 《中國哲學史》第二卷，勞思光著，友聯 69 年版。

18. 《六朝太湖流域的發展》，黃淑梅著，聯鳴 71 年版。

19. 《中國佛學思想概論》，呂澂著，天華 71 年版。

20. 《才性與玄理》，牟宗三著，學生 72 年版。

21. 《袈裟裏的故事——高僧傳》，熊琬先生著，時報 72 年版。

22. 《中國哲學原論・導論篇》，唐君毅著，學生 73 年版。

23. 《中國哲學原論・原性篇》，唐君毅著，學生 73 年版。

24. 《中國哲學原論・原道篇》卷三，唐君毅著，學生 73 年版。

25. 《竺道生思想之研究》，劉貴傑著，商務 73 年版。

26. 《中國大乘佛學》，方東美著，黎明 73 年版。

27. 《中國佛教人物與制度》，藍吉富編，現代佛學大系之廿五，彌勒 73 年版。

28. 《漢魏兩晉南北朝佛教史》，湯用彤著，鼎文 74 年版。

29. 《雙溪獨語》，錢穆著，學生 74 版。

30. 《國史新論》，錢穆著，東大 75 年版。

31. 《漢書》，漢班固撰，廿五史，鼎文 75 年版。

32. 《後漢書》，南朝宋范曄撰，廿五史，鼎文 75 年版。

33. 《晉書》，唐房玄齡等撰，廿五史，鼎文 75 年版。

34. 《南史》，唐李延壽撰，廿五史，鼎文 75 年版。

35. 《中國思想史》，韋政通著，水牛 75 年版。

36. 《中觀今論》，印順法師《妙雲集》，正聞 75 年版。

37. 《成佛之道》，印順法師《妙雲集》，正聞 75 年版。

38. 《我之宗教觀》，印順法師《妙雲集》，正聞 75 年版。

39. 《學佛三要》，印順法師《妙雲集》，正聞 75 年版。

40. 《佛在人間》，印順法師《妙雲集》，正聞 75 年版。

41. 《佛教史地考論》，印順法師《妙雲集》，正聞 75 年版。

42. 《竺道生》，陳沛然著，東大 77 年版。

43. 《宗教的教育價值》，陳迺臣先生著，文景 77 年版。

# 附錄一　道生佛性思想之形上學解讀
## ——以海德格《存在與時間》爲詮釋通路

南開科技大學通識教育中心　副教授　陳松柏

## 摘　要

　　道生的佛性思想，毫無疑問是魏晉學術史當中的重要標竿，向來也一直都是各種相關領域學者關注的話題。傳統之考證或義理研究，早已連篇累牘、汗牛充棟，後來的研究者，的確很難再有置喙餘地。然而，透過海德格存在形上學爲檢視平台，以「在世能在」與「本眞狀態」之哲學見解，做爲重新解讀道生佛性思想的觀念媒介，則是一種全新的詮釋架構，特別是在於海德格哲學理念與道生宗教思維當中，各自指涉的終極性範疇的對比性研究，過去學界從未有過如此的嘗試。而本文的研究動機與主要目的，正是嘗試透過海德格的存在主義形上學，針對道生佛性思想，進行此一全新的對比性詮釋。所以，全文探討的重點，主要是通過海德格式的形上學立場，而逐層比驗出道生佛性思想的深層思維。至於過去學界研究道生，較常探討的佛性思想學術背景與師友影響云云，並非本文的關注重點，本文僅以表層義理模式，藉由旁觀方式，一筆帶過。

關鍵詞：道生、佛性、海德格、在世能在、本眞狀態

# 壹、前言

　　道生（西元 372～434 年），俗家本姓魏，生當中國魏晉南北朝的晉、宋之際〔註1〕；雖然身處於玄學的時代，卻是一個不折不扣的佛門人物。依慧皎《高僧傳》的說法，啟蒙道生佛學思想的第一個老師，是當時弘教於中國東南的般若學者——竺法汰，因為當時有隨附師姓的慣例，所以又名竺道生。後秦弘始三年（西元 401 年），鳩摩羅什應姚興之請，駐錫關中長安譯講佛典，吸引了大批知識沙門，道生當時也「與慧叡、慧嚴同遊長安，從什公受業」〔註2〕。自此以後，鳩摩羅什也成為影響道生思想的重要人物。依僧祐《出三藏記集》之說法，當時關中僧俗名士，凡接觸過道生的，對於他天稟的神悟，沒有一個人不欽服〔註3〕。所以，後來鳩摩羅什門下，有所謂『四聖』、『八俊』、『十哲』之稱謂〔註4〕，道生都身與其列。

　　而本文的探討主題，雖然是以海德格存在主義角度，重新解讀道生的「佛性思想」，但對於足以在方法論基礎上面，影響道生佛性見解的兩個義理構面——儒家性善論以及龍樹空觀的新格義學風，在進入主題之先，本文希望也能給予它們一個恰當的定位。

# 貳、道生佛性思想的表層思維模式——形塑道生佛性說的兩個重要義理構面

　　《涅槃疏》〔註5〕中，道生說：「因緣不得相離，因緣有故，學得成佛。

---

〔註1〕所謂「晉、宋之際」，是根據劉貴傑的說法。按劉氏之考證，道生的生年是晉簡文帝咸安二年（西元 372 年），卒年則為宋文帝元嘉十一年（西元 434 年）。劉文見《竺道生思想之研究》附錄一「竺道生年表」，P127～130。台北商務印書館 1984 年。

〔註2〕以上道生成學與交游的相關記載，俱見於大正新修大藏經（本文底下均簡稱『大正藏』）第五十冊〔史傳部〕梁慧皎《高僧傳》卷七之〈道生法師〉，P604。

〔註3〕詳見大正藏第五十五冊〔目錄部〕梁僧祐《出三藏記集》卷十五〈道生法師傳〉，P312。

〔註4〕關於『四聖』、『八俊』、『十哲』之說，主要參考湯錫予《漢魏兩晉南北朝佛教史》第十章「鳩摩羅什及其門下」（P278～339）中之敘述，湯文對此有完整之詳細名錄和演變說明。

〔註5〕在梁寶亮編集之《大般涅槃經集解》中，有相當多的經文註解，均引用道生《泥洹經義疏》（『泥洹』與『涅槃』實為同義異譯，底下本文為行文之便，均簡稱

佛性妙絕，備眾善乃見〔註6〕。」在這句話裡面，道生提到了「佛性」的問題。事實上，以佛教本體論的普世觀點言，佛教語言裡頭，便經常以「法性」一詞，做爲整個宇宙的共通性本體原理，而「佛性」則較常被運用在特殊指謂的個別對象上；道生此處的「因緣有故，學得成佛」、「佛性妙絕，備眾善乃見」，原即是後者這種佛教本體論的心性見解。只是，這裡特別值得注意的是：道生逕直將眾生的佛性本體跨接在「學得成佛」與「佛性妙絕」的價值層級中，它在「心性基源價值」〔註7〕上、以及「般若觀照」的理念內涵上，也有相當深度的方法論展示，很值得吾人深入關注。

## 一、道生佛性思想方法論基礎之一：對於中國傳統儒家心性基源價值的認同

　　平心論之，如果純粹以道生之後，佛教教理在「佛性」問題上面的成熟發展觀之，無論就詮釋教理的預設上而言，或是就佛性思想的解讀立場來看，向來在學術史上便公認有「如來藏自性清淨心」系統與「眞如、生滅染淨同依」兩種系統的根本差異〔註8〕。其中，前者以《華嚴經》爲代表，影響及於華嚴宗與禪宗；後者則以《大乘起信論》爲代表，影響及於唯識宗與天台宗。然而，如同我們透過學術史的後設立場所歸納得知的，這些系統的分別，只是一種解讀佛性思想的方法論預設的表層差異而已，它們共同深層追問的基源問題是：就「佛性」眞正終極的本體論價值來看，是否一切眾生都毫無例外地，擁有此一成佛的基礎——「佛性」？

---

《涅槃疏》）的見解。由於道生《泥洹經義疏》今已不存，所以，本文所引《涅槃疏》的原文，都以寶亮《大般涅槃經集解》實際集錄的道生原文爲主要依據。寶亮之《大般涅槃經集解》，見大正藏第三十七冊〔經疏部〕，P377～611。

〔註6〕文見大正藏第三十七冊《大般涅槃經集解》，P461。

〔註7〕所謂「基源」，原是勞思光在《中國哲學史》第一卷所創造的術語。勞主張運用「基源問題研究法」的方式，從現有之實際文證當中，還原研究對象的原始論點，以發現其所要根本解決的核心問題。而這其中，「眾生皆有佛性」的心性見解，正是道生佛性思想的基源起點，道生所有之佛性論點，均是對應於「眾生皆有佛性」的心性問題而衍生。所以，葉海煙在〈所謂「基源問題」——勞著《中國哲學史》的一項商議〉中即指出：勞氏之「基源問題研究法」，也就是「還原法」，旨在發明主體性，而設法探入意向性（Intentionality），並以意向性爲思考的原始的出發點（葉文見於《東吳哲學傳習錄》第 3 期，P117。）。本文使用「基源」一語，即是參考自勞、葉二人的看法。

〔註8〕以上兩種系統的說法，主要參考自印順《如來藏之研究》第四章「如來藏說之孕育與完成」P89～114，以及第七章「瑜伽學派之如來藏說」P185～236。

　　當然，假如現在我們的觀察立場，是以道生之後，經歷過高度成熟整合的中國佛學，重新再回頭看待這個深層追問的基源問題，那麼毫無疑問的，無論是哪一種教理詮釋的進路，都已經對「一切眾生皆有佛性」、「眾生皆可成佛」這個終極的肯定，沒有絲毫疑義。然而，這一個問題，在道生的時代當中，卻是一個爭辯的話題。

　　與道生同時的慧叡，在〈喻疑論〉中，就曾經提及佛性思想在當時被討論的情形：「學得成佛，佛有真我，故聖鏡特宗，而為眾聖中王。泥洹永存，為應照之本；大化不泯，真本存焉。……若於真性法身而復致疑者，恐此邪心無處不惑。佛之真我，尚復生疑，亦可不信佛有正覺之照而為一切種智也？……但知執此照惑之明，不知無惑之性，非其照也。為欲以此誣罔天下，天下之人，何可誣也〔註9〕？」

　　道生當時的學界，多喜於利用早期般若學的方式解讀佛性問題，慧叡的「但知執此照惑之明，不知無惑之性」一語，正是說明當時許多人在佛性思想上面的看法，仍然各說各話，並未周嚴。所以，慧叡也認為：既是稱為「泥洹永存」與「大化不泯」的佛性，就應當是普遍存在於眾生身上的共同基因，如果懷疑有某一類的眾生不具備此一基因，那麼，就如同對「學得成佛」與「真性法身」的理念，也全盤推翻了。

　　而道生當時，之所以有這種教理上的辯證，主要是起因於早期佛性思想典籍《泥洹經》，對於「一闡提」惡性眾生的解讀，有明顯的排除「成佛」之傾向。

　　根據慧皎的《高僧傳》卷七載，道生當時見法顯所譯六卷《泥洹經》後，就苦心孤詣地大力宣揚「闡提成佛」之說。初時道生曾遭守舊僧徒之抨擊，直至後來的曇無讖譯出《大般涅槃經》後，經文中明白宣揚「闡提成佛」之說，道生的地位，始漸為人所接受〔註10〕。而所謂「闡提成佛」之說，其實是道生在佛性思想範疇當中的獨特洞見。闡提一語，原指樂欲生死而不願求出離之眾生，是梵語 icchantika 或 ecchantika 之音譯。又作一闡底迦、一顚迦、一闡提柯、闡提。另有阿顚底迦、阿闡提或阿闡底迦等詞。因為此語原本的語意指涉，就具有斷絕一切善根、以及無法成佛的涵義〔註11〕。所以早

〔註9〕 慧叡〈喻疑論〉文，見大正藏第五十五冊〔目錄部〕《出三藏記集》卷五，P283。

〔註10〕 見大正藏第五十冊〔史傳部〕《高僧傳》卷七之〈道生法師〉，P605。

〔註11〕 以上本文關於「闡提」本義的相關解釋，參考自陳義孝編，竺摩法師鑑定之《佛學常見辭彙》「闡提」解釋，P85。

期翻譯的佛典，如《入楞伽經》、《泥洹經》等，多稱闡提邪見，畢竟不能成佛。

正因爲早期中譯佛典，對於「闡提」種性者的解釋機制，只停留在文字表面的解釋場域當中，中國僧俗釋子如果僅僅透過「依文解義」的方式詮釋「闡提」，多半無法深層觀照出「一切眾生皆有佛性」、「眾生皆可成佛」的成熟義理來。所以，從中國傳統心性學出發的道生佛性思想，反而對「闡提」一辭潛藏的深度意義，可以有更大的穿透力、足以打開「闡提」現象背後的黑盒子〔註12〕。道生《涅槃疏》中，有「佛性不爲邪見所穿掘」的心性學洞見，又有「雖復受身萬端，佛性常存」〔註13〕的肯定論點，如果要在當時佛典之外，推尋其思考方式的運作軌跡，那麼，這一「中國傳統心性學出發的道生佛性思想」，就如一個特殊的定錨效應一般，的確堪稱是道生佛性思想特異於時人，且能巨眼先矚地預見「闡提成佛」說的方法論基礎。

所以，新儒家學者唐君毅便如此認爲：「道生主一切有情眾生皆有佛性，以與其時由印度傳入之一闡提人無佛性之說辯。此即直本於孟子『人皆可以爲堯舜』之旨，以言一切有情，同具佛性，爲其眞我〔註14〕。」

又錢穆於《國史新論》中，也認爲：「道生是能就中國傳統文化精神來讀佛經，故能從佛經中籀出中國傳統精神之最要義〔註15〕。……主張人人皆具佛性，仍是中國傳統變相的性善論〔註16〕。」

唐、錢二人都相當肯定道生從「中國傳統心性學出發」的方法論特質，尤其認爲道生的「佛性」主張，更是會通儒佛的呾鍵接點。由中國儒家本體論的歷史傳承觀點衡估，道生的佛性義，確實可被解釋爲是追隨著傳統儒家「人皆有良知良能」、「塗之人可以爲堯舜」的精神；儘管陳說的方式不一，

〔註12〕依據恆清法師〈《大般涅槃經》的佛性論〉一文指出：《大般涅槃經》（即本文所稱曇無讖的譯本）對一闡提的最後定論，是佛陀所說的「一切眾生定當得成阿耨多羅三藐三菩提，以是義故，我經中說一切眾生、乃至五逆犯四重禁及一闡提，悉有佛性」。而能下此定義的理由，是因爲 1. 一切諸法無有定相，眾生根性亦不定 2. 佛性不可斷。正因爲眾生根性不定，一闡提才能在斷善根之後，再生善根。3. 佛性非過去、非未來、非現在，故不可斷。因此一闡提也不斷佛性，而終有成佛的一日。恆清法師的說法，見《台灣大學文學院佛學研究中心學報》第 1 期，P61。

〔註13〕道生二語，俱見於大正藏第三十七冊《大般涅槃經集解》，P454。

〔註14〕唐語見《中國哲學原論》「原道篇」卷二，P42。

〔註15〕見《國史新論》，P40。

〔註16〕見《國史新論》，P94。

但這基本的認同，並無兩樣。此外，如果我們嘗試對照以勞思光中國哲學史的基源追溯法觀之，道生在《大般涅槃經》未至之前，就能夠預取「一闡提人皆能成佛」的見解、透視「闡提」一語背後所蘊藏的潛規則或深層蘊涵，也應當是與這種中國儒家傳統的孔孟性善論點，有不可解的關係。

所以，無論是唐氏指稱的「直本於孟子『人皆可以爲堯舜』之旨」，或錢氏所謂「中國傳統變相的性善論」，實際上均可視同是對此一基源價值的掌握與洞察。而此一基源價值的揭露，連結在道生的呈性思想中，它所代表的思維方法與解讀模式，其實就是道生佛性思想方法論的第一項重要特色。

當然，兜回本文的論題，此處更值得吾人格外關注的，是道生所身處的佛教氛圍，剛好正值中國的漢末魏晉之際。而這一個時空氛圍，雖然在一般學術史的重心，多是聚焦在當時知識份子以三玄清談做爲表達玄學玄理的發展上面，但其實當時的佛教，就詮釋模式而言，也正在逐漸摸索出一種獨屬於玄學時代的特殊詮釋模式——「格義佛學」。道生的佛性思想，它的另外一個方法論基礎，正是這種格義式的佛學。

## 二、道生佛性思想的方法論基礎之二：由龍樹空觀思想中轉出的「新格義佛學」

「格義」一語，最早在僧祐《出三藏記集》收錄的僧叡〈喻疑論〉一文中。而正式對「格義」進行界定的，則始見於慧皎《高僧傳》的〈竺法雅傳〉。底下分別引錄之：

1、〈喻疑論〉：「漢末魏初，廣陵、彭城二相出家，並能任持大照。尋味之賢，始有講次。而恢之以格義，迂之以配說〔註17〕。」

2、〈竺法雅傳〉：「雅與康法朗等，以經中事數，擬配外書，爲生解之例，謂之格義〔註18〕。」

由此可見，格義的基本精神，就是試圖以中國本有的傳統思想（對佛典而言，即『外書』儒道之屬）爲介面，使其發揮接引佛理的功能。林傳芳在〈格義佛教思想之史的開展〉文中，因此認爲格義佛學在文化傳播上言，「是一種妥協的方法」，在佛教本身上言，「則是一種方便的手段」〔註19〕。

---

〔註17〕 大正藏第五十五冊〔目錄部〕《出三藏記集》卷五，P283。
〔註18〕 大正藏第五十冊〔史傳部〕《高僧傳》卷四，P585。
〔註19〕 這代表林氏對於格義在方法論上面的一種批判式解讀。以上引文，見《魏晉南北朝佛教小史》之〈格義佛教思想之史的開展〉，P84。

　　不過，太形諸妥協和方便，相對之下，傳達佛理的精確性，便會大打折扣。如當時對般若的詮釋學者，即往往恣意附會老莊之說，製造了許多渾噩朦昭、削足適履的說法。如此一來，格義不僅難以有效彰顯佛典的原旨，有時還甚至可能造成「滯文格義」、「義多乖謬」的情形〔註20〕。

　　在〈僧光傳〉中，道安就曾說過「先舊格義，於理多違」〔註21〕的話，這應該是佛學教理研究上的首度重要之自發性反省。從道安之後，「以佛教研究佛教」的走向，才開始逐漸被重視。可惜的是，道安自己也囿於時代和個人因素，並無十分具體的建樹。而他之反對格義，亦只是軟性消極的反對，從他實際的翻譯或撰述作品來看，傳統格義的缺點，依舊存在著。後來，真正能糾正格義流弊的，是弘始三年入華，影響道生深遠的鳩摩羅什。

　　林傳芳在〈格義佛教思想之史的開展〉文中，對鳩摩羅什曾作如此的敘述：「從思想史的方面看，漢代以來的佛學研究和佛理發揚，無不附和假託於中國傳統思想，故可概稱為格義佛教時代；而羅什來華後新譯經論疊出，而且譯法正確，從前的模糊不清的部分，可以獲得明朗的解答，故可以糾正格義的錯誤〔註22〕。」

　　從學術史的角度來看，鳩摩羅什之所以能澄清糾正過去格義的缺失，除仰仗其疊出的新譯經論之外，最主要還是得歸功於他個人圓熟的漢譯能力。僧祐說他的譯本為「義皆圓通，眾心愜服，莫不欣讚」〔註23〕，就是稱許羅什所譯，既能合契梵本原義，又能普遍為知識階層所欣然容受之故。在羅什的努力下，蟄伏於傳統格義氛圍中的教理，終於得到全新的釋放、破繭重生。其中最受重視的，便是當時流行於天竺與西域的龍樹「畢竟空」義理的引入，它解決了學界長久以來「六家七宗」的般若學各說各話的爭議〔註24〕，令時

〔註20〕 二語大正藏第五十五冊〔目錄部〕《出三藏記集》卷十四〈鳩摩羅什〉，P345。
〔註21〕 〈僧光傳〉見大正藏第五十冊〔史傳部〕《高僧傳》卷五，P592。
〔註22〕 見《魏晉南北朝佛教小史》之〈格義佛教思想之史的開展〉，P103。
〔註23〕 見大正藏第五十五冊〔目錄部〕《出三藏記集》卷十四〈鳩摩羅什〉，P345。
〔註24〕 關於道生之前，在般若學見解上有所謂「六家七宗」的說法，根據劉果宗的說法，其實真正的家派分別，只有「本無」、「即色」以及「心無」三種。劉氏認為：在鳩摩羅什未將龍樹「畢竟空」的中觀思想帶入中國之前，早期中國學者在「六家七宗」的研究會通與醞釀，是「建立中國後來光輝燦爛之佛教」以及建設所謂『中國佛教』之根本關鍵。本文關於「六家七宗」的論點，參考自劉果宗《竺道生之研究》附錄一：〈中國早期般若學之研究者〉，P129〜157。文津出版社 2003 年。

人疑情頓釋，眾心愜服。同時，也在後來，決定性地影響了道生對於佛性的根本見解。

剋實言之，在羅什之後，即使「擬配外書，爲生解之例」的格義仍舊存在，但從當時學者撰述，已可見出明顯轉變，同時也宣告佛學的「新格義時代」，正式成形。例如羅什弟子中，與道生齊名的僧肇，在他的〈涅槃無名論〉一文中，雖在文字上仍充滿玄學的語彙，但所表現的，卻是龍樹的實相理境，絲毫不受玄學虛無思想所粘滯，僧肇解「涅槃」一義時，如是說道：「然則法無有無之相，聖無有無之知。聖無有無之知，則無心於內；法無有無之相，則無數於外。於外無數，於內無心，彼此寂滅，物我冥一，怕爾無朕，乃日涅槃〔註25〕。」

其中，「無心於內」破斥了我執，「無數於外」破斥了法執，在我法二空中所呈現的，正是龍樹「彼此寂滅，物我冥一，怕爾無朕」的畢竟空境界。類似的詮釋態度，一樣見諸道生的佛性思想內，例如他在處理「理不可分」〔註26〕的概念時，即曾援引「無爲」和「無」的語言形式，對二者進行一番脫胎換骨的解釋，使之完全成爲不二空理的同型觀念。這種「新格義佛學」的方法論基礎，搭配著大乘空宗龍樹菩薩的空宗見解，正是推動道生佛性思想的一種重要趨力。

如前所述者，由於道生的時代，正好跨處於晉宋之際，當時儒門早已淡薄，屬於新道家的玄學又以融入名士清談而蔚爲時風。中國傳統的儒、道兩家，在當時顯然都正面臨了劇烈的遷變與考驗。而道生的時代，也恰好是佛學剛開始脫離祭祀迷信，導向義學發展的新格義時期。以其佛性思想爲例，基本上就與性善論有精神的雷同，而「中道觀者，則見佛性也」、「先見不空，然後見空，乃第一義，佛性始現」的佛性論點，更是將龍樹的「第一義空」的中觀般若哲學與「佛性」熔爲一爐。這種既能趨新開創、又能默持傳統的義理模式，不僅在當時發揮了思想會通的帶頭作用，即令在今日看來，也應當都有不可磨滅的文化意義。特別是在魏晉時代，中國的儒釋道三家，幾乎共同皆有著面臨重大價值轉型或重新磨合尋找出路的迫切殷求，道生在佛性

---

〔註25〕見大正藏 第四十五冊〔諸宗部〕《肇論》卷下〈涅槃無名論〉，P267。

〔註26〕道生在《涅槃疏》中，有「理無二實，而有二名。如其相有，不應設二；如其相無，二斯妄矣」、「理爲法身，所處無畏，住足恆在無爲」之見解，這一『理』字，即是龍樹空宗背景下所詮釋的『不二空理』。《涅槃疏》文見大正藏第三十七冊《大般涅槃經集解》，P454。

思想的方法論基礎上，所採取的價值認同以及統會異說的態度與氣魄，無疑是令人絕賞的。

　　總之，就道生佛性思想的表層思維模式來看，毫無疑問的，環繞著中國傳統本體論的核心價值，以及融入創新的格義式見解之方法論基礎，是道生形塑其佛性思想的兩個重要構面。但是，本文認爲這樣的解讀，仍然還是一種表層結構〔註27〕的觀察而已。實際上，道生對於佛性的見解，其所呈現的深層意義與特殊定位，是著力在我們內面生命的終極探討上面，特別是在眞妄夾雜的靈性世界中，道生希望也能透過他的佛性思想，建立起一種自性眞我的正向之生命認知。

　　而如此之深層結構的義理探討，就現代哲學思想領域來看，正好爲存在形上學的哲學範疇所擅長。因此，底下本文將嘗試跨足於德國存在形上學，借用形上學巨擘海德格的存在解析模式，做爲解讀道生佛性思想的一種媒介平台。

## 三、跨接「在世能在」與「本眞狀態」之海德格存在形上學

　　如同我們一般人所理解的，德國存在主義大師海德格（Martin Heidegger）在其名著《存在與時間》（"Being and Time"）〔註28〕當中的主要論點，即是以「此在」（Dasein）一語，說明每一個人的存在，並以「此在」在世界當中的存在（In-der-Welt-sein，底下均統稱爲「在世能在」），結合於時間（zeit）的不斷湧現形式，據此指稱「此在」的在世生存過程，乃是一種永不停息、不斷綻出（ekstasen）的創造性過程〔註29〕。而學者余德慧先生則認爲：海氏的

〔註27〕此處所謂「表層」與「深層」，本文主要是借用 F.R.Palmer《語意學》（Semantics）第八章第五節「衍生語意學」中，所提出的「表層結構」（surface structure）與「深層結構」（deep structure）二種用語（見 F.R.Palmer 著.陳榮波先生譯.《語意學》，P148-152），藉這兩種結構的廣義運用，說明本文論述道生佛性思想時，義理逐層深化的事實。基本上，本文此處，對於「表層結構」與「深層結構」的運用，只是形式上的借用，並非以語意學的角度看待所處理的佛性論題。

〔註28〕底下本文所使用的海德格《存在與時間》（"Being and Time"）原典，均係參考大陸學者陳嘉映、王慶節的譯本（台北市：唐山出版社，1989 年初版）。

〔註29〕以上本文對於「此在」的引申詮釋，除個人理解彙整的部分外，同時也參考了蔣年豐的看法，蔣認爲海德格的「此在」之命存於塵世，乃是「時間性」、「流轉性」的「此在」，也就是說，人乃是一個在塵世間流轉的存在。語見蔣年豐《與西洋哲學對話》第十三章「從海德格的現象學論中國先秦儒家的天命觀」，P167。

「在世能在」，根本上而言，就是一種非常強調自我心智作用的「此在」概念，而且是一個必須結合各種條件的「緣」才能構成的緣構概念〔註30〕。從普通人常態的感性與理性角度來理解，凡是透過存有者的「自我」所連結組織而成的緣構世界，也幾乎適用於絕大多數的一般人所感知的世界了；而且，的確在表面上看起來，海德格「此在」的世界概念，彷彿都是儼不可破、固若金湯。但事實上，問題絕非如此！即令海氏自身，他也高度質疑這種在世架構，雖然被一般人習以為常地接受，但習以為常之外，常常都是暗藏了許多蒙蔽的部份，恰好阻礙了我們對於生命內面之真實存有的開發與揭示。

因此，在《存在與時間》第七十一節『此在日常狀態的時間性意義』中，海德格對於一般人習焉不察的「此在生存於其中的「日常狀態」（alltaglichkeit）〔註31〕，便有一個近乎於佛家「無明」說法的解釋。他認為一般人幾乎都無法脫離「常人」（das Man）的慣性思維，而「常人」在我們的「日常狀態」中，早已經發揮了某種統治一切的絕對優勢。海氏指出：「日常狀態」的根本特點，便在於表現出「常人」可以統治著一切、駕馭一切的特性〔註32〕。但是，正如前述，海氏同時也質疑這一普羅大眾認可的共識，他認為表面上看似理所當然的「日常狀態」與「常人」，可能根本上都深處於「晦蔽狀態」（verborgenheit）之中，而鮮有人去推究背後可能存在的真實存有。也就是說，我們平日依據自我心智攀緣拉攏起來的常人世界，海氏認為那並非「本真狀態」（eigentlichkeit）。海氏的形上學推論，讓他深信所有生命現象的最奧秘之處，必定存在著究竟終極的「無遮無蔽」（unverborgnheit）的真理或本相。雖然它的出現，並不容易，在海氏的終極形上歸趨當中，「本真狀態」的呈顯〔註33〕，

---

〔註30〕 語見余氏《生死學十四講》第七講，P143。「緣構」（Ereignis）是海德格為了解釋存在現象而創造出來的術語，他認為任何存在者的存在都不是現成的，而只能在一種相互牽引、來回交蕩的緣構狀態中，被發生出來。本文此處之敘述，除參考余氏解讀海德格的說法之外，也參考了張祥龍《海德格——二十世紀最原創的思想家》第十五章「緣構發生與語言」的解釋，張之相關詮釋見該書 P266～267。

〔註31〕 見《存在與時間》第二篇第四章第七十一節『此在日常狀態的時間性意義』，P449。

〔註32〕 以上關於「常人」（das Man）的敘述，主要參見《存在與時間》第一部第一篇第四章『在世作為共在與自己存在——常人』，P146。

〔註33〕 底下關於本真狀態的說明，參考自《存在與時間》導論第二章第七節「探索工作的現象學方法」P44，以及第二篇第二章第五十四節「一種本真的生存狀態上的可能性的見證問題」P331～335。

必須要在去除掉存在者個人的「遮蔽」(verdecktheit)、以及揭開存在眞理的「封閉」(verschlossenheit) 之後，才能被我們所感知領略。

　　就海德格的「在世能在」之存有層面來看，在世的常人架構，的確是要有相當錯綜繁複的條件彼此搭配結合，才能成立〔註34〕。如套用海氏自己的思路來看，一般存在者的「在世能在」，在面對無限繁雜多樣的可能性，所必須進行選擇的這種動態模式，事實上也正是常人狀態下的存在者，最基本的一種「此在」呈現。所以，海德格說「此在首先必定是常人，而且通常一直是常人」〔註35〕，這一點，便是說明了一般人在「在世能在」的緣構機制底下，非常不容易跳出常人的存在侷限。

　　關於這一點，余德慧曾進一步加以詮釋，他認爲海德格所謂「本眞狀態」的無遮無蔽，從我們一生「由生到死」 的時間向度上檢視，往往便是出現在常人狀態下的自我崩毀的過程中〔註36〕。也就是說，海氏的「本眞狀態」，一旦扣緊在「自我心智」慢慢毀掉之過程裡，就不會只是一個哲學意義的形上推論，它會以愈來愈清晰明顯的方式，逐漸被我們所感知。換言之，自我心智失去得愈徹底，生命存在的終極原型「本眞狀態」，也就相對顯現得更加清楚。而余德慧還特別透過現代生死學的立場〔註37〕，稱謂這種本眞狀態，即是每個人身上最原初的「靈性」本體。他歸納多數醫療個案，認爲此一代表存在本眞的靈性本體，常常都是見諸於即將瀕臨死亡的臨終者身上〔註38〕；

---

〔註34〕實際上，海氏也定義其常人狀態下的自我存在方式，強調一定要依託在諸如「保持距離」、「平均狀態」或「平整作用」之類的緣構機制下，才能得到持續發展的基礎（見《存在與時間》第一部第一篇第四章第廿七節『日常自己存在與常人』，P161～167）；而「此在」的根本活動模式，則是海氏所謂 Sorge 的狀態，Sorge 意指著繁雜不簡的多樣性處境（見《存在與時間》第一部第一篇第六章第四十一節『煩——此在的存在』，P241～247）。

〔註35〕語見《存在與時間》第一部第一篇第四章第廿七節『日常自己存在與常人』，P166。

〔註36〕余氏對於海德格「本眞狀態」與自我心智活動的詮釋，主要見於《生死學十四講》第二講「看見存在的遮蔽」，P31～36。

〔註37〕底下關於「靈性」的説法，主要參見《生死學十四講》第四講「生寄死歸」之『長出靈性』節，P80～82。

〔註38〕基本上，「靈性」是本來就存在於我們每個人身上的靈魂，余德慧此處的説法，乃是認爲它的呈現，會隨著臨死者的自我心智漸次溶毀，而重新浮現出來。另外，學者戴正德則是透過臨死者對於本身狀況的瞭解型態，區分出「封閉認知」、「懷疑認知」、「心知肚明」與「開放認知」四種不同型態，也可旁證余德慧這種説法。語見戴正德《生死學——超越死亡》，P25～26，台北權威圖書出版，2005 年。

在臨終者身上，因爲自我心智逐漸崩解，存在本眞的靈性本體，將得以在一種無遮無蔽的型態下，慢慢顯現出來〔註39〕。

　　而跳開於海氏這種存在主義的形上學看法，如果我們是站在中國佛教的角度來看的話，可能又會有另外一種不同立場之詮釋與解讀。就如同鳩摩羅什翻譯的《金剛經》，當中那句膾炙人口的名句「應無所住而生其心」所指涉的，一般人都是因爲有四相的執著，才會攀緣出類如海德格所形容的「在世能在」。但是，如果今天有一個人，他完全洞悉了佛教行者「無我」的生活立場，又可以經常保住「無所住而生其心」的精神境界，那麼，「無所住」所投射出來的無遮無蔽世界，或許不必等到他的生命進入臨終之中陰階段〔註40〕，便已足可讓他充分領略了本眞狀態的靈性世界了。

　　事實上，從海德格的形上學，兜回到中國魏晉時期的道生，我們將會發現：道生的佛性思想，無論是義理思維或實踐模式，正是能夠在這種靈性世界的深層體驗型態上，表現出獨樹一幟的義理特質。

# 參、從海德格存在形上學檢視道生佛性思想的深層思維

　　爲實際說明方便起見，本文底下從五個層面逐一對應分說，分別是：道生「不易之體，湛然常照，莫先爲大」所指謂之佛性思想、「不以受身不同，使眞我斷」的眞我見解、「眾生大悟之分，皆成乎佛」的成佛觀點，以及透過龍樹般若空觀思想所轉化出來的佛性論與大涅槃思想。其間，五個層面均以海德格《存在與時間》之形上架構爲檢視比驗之平台。

〔註39〕　目前國內的公私立之靈性關懷組織,大部份也都是以協助即將往生的人,妥善其臨終的靈性照顧爲主。因此,海德格在《存在與時間》中,從「在世能在」的晦蔽境況,延伸出對於終極存在眞相的探討,已經有學者將之運用在生死關懷的臨終課題之上。

〔註40〕　根據一般的佛教見解,是將臨終階段當成爲我們超越生死關卡的重要關鍵,例如大陸學者陳兵,就依據藏傳佛教中陰身典籍《明行道六成就法》立場認爲,本性的明光境界雖然本來就存在於我們靈性之中,但絕大多數的普通人,都是在死亡到來時,才會在覺受上感應到一連串以靈性明光爲基礎所變幻出來的種種「光境」。藏傳佛教自蓮花生大士以來,便都有所謂「臨終成就」的法門,即是以證悟靈性明光而得到「生死解脫、立地成佛」的方法。見陳兵《生與死的超越：佛教對生死輪迴的詮釋》,P121,台北圓明出版社,1995年。

# 一、佛性是我們本體當中「湛然常照」的生命原型，具備了「莫先爲大」的終極特質

就像海德格用「無遮無蔽」描繪形上層次的「本眞狀態」一樣，道生在《涅槃疏》中，也運用了一些特殊的終極性語詞，嘗試說明「佛性」的存在特質，他說：「夫惟不易之體，湛然常照，莫先爲大。但從迷乖之，未在我耳。苟能涉求佛性，便返迷歸極〔註41〕。」

此中的「不易之體」即指佛性。道生用「湛然常照」以形容佛性，告訴我們：佛性本身即是一個儼然的事實，它不是假定或預設，而是如同海德格所指稱的「本眞狀態」般，佛性的本身，只要我們願意去「涉求」，它就能還原出「返迷歸極」的究極實在的本來面目。而且，值得留意的是，道生此處顯然也觀察到，佛性的呈現，的確會因「從迷」的外在阻礙，而顯得曖昧費解，所謂「但從迷乖之，未在我耳」。用海德格的語言來看，道生「未在我耳」所指的「我」，應即是指向「不易之體」的形上存在，它指涉的是一種「本眞狀態」的佛性「眞我」，而非「在世能在」（所牽纏的「假我」。

道生何以要如此拐彎抹角地描繪佛性？這是因爲絕大多數的人，只知慣性地緊握住「在世能在」的「假我」，不知在「湛然常照，莫先爲大」的本體世界中，原本有一「眞我」的佛性。所以，在眞妄夾雜、形器無常的存在經驗中，如海德格之描述「在世能在」的遮蔽狀態一樣，「從迷乖之」的「常人」，往往都只能隨順著生死煩惱的「假我」，而一再地自我封存〔註42〕，根本永遠無從跳脫「在世能在」的遮蔽。也就是說，所謂「從迷乖之」的「常人」活動，泰半都會被緣構世界當中的「假我」所障蔽，讓我們見不著眞實的靈性本來面目。

因此，相對之下，道生佛性立場中所挺顯的「眞我」，亦即所謂「不易之體」的生命原型之存在，就特別值得我們關注。在道生的觀點來講，即令這一「眞我」的「不易之體」，在眞妄夾雜、形器無常的「常人」經驗中，仍然

---

〔註41〕大正藏第三十七冊《大般涅槃經集解》，P377。

〔註42〕余德慧便是透過海德格的「常人」界定，認爲「常人」的存在，必定會被緣構世界當中的『非自身』（Otherwise than Being）、『被抛』（Be thrown）與『掉落』（Be fallen）三層機制圍繞住，而產生一種存在的自我認定，此即所謂「自我封存」。語見《生死學十四講》，P37～45。事實上，不管是「遮蔽」或「自我封存」，對佛門人物道生來講，都只是一種伴隨著世間種種牽纏的「假我」活動，畢竟不見實相，他認爲必須轉向投入於佛性眞我的運作之中，才有契入生命正向眞理的可能。

會有被「遮蔽」或「封閉」的現實問題，但是，他與海德格說法卻十分雷同地，都認為它的存在原型，就終極性而言，都是沒有「在世能在」的所有蔽晦限制的，因為所謂的「不易之體」，自身就是一個具備了終極存在特質的本真狀態。

只是，如果我們仔細體會兩人對於如何恢復此一終極本真狀態的說法，其實雙方還是有見解上的根本差異：如前所述，海德格在他的形上學中，是以形上推理的方式，認為只要去除了個人的遮蔽以及真理的封閉，存在的本真狀態，就能為我們所感知。而道生則是從「涉求佛性」與「返迷歸極」的還原架構下，以宗教性靈修持的實踐模式，肯定此一天然本有的存在「原型」。依道生的看法，佛性的存在，一方面固然是一種「不易之體，湛然常照，莫先為大」、類似於海德格形上學描繪存有本體的先驗存在，但是在另一方面，涉求返迷所延伸出來的「實踐」問題，恐怕才是道生討論佛性存在的真正重心。

所以，就解讀「佛性」存在的問題上而言，道生的佛性思想，即使在表面上，已十分逼近於海氏「本真狀態」的形上推論，有其生命原型與終極性的意義指涉。但是，道生所認知的佛性，尤其搭配在「涉求佛性」與「返迷歸極」上述宗教實踐的內在意識底下，對於本體層面的佛性認知，道生其實還有更深一層的描繪。其中，與中國儒家性善論思維模式非常接近的一個本體論點——所謂「雖復受身萬端，佛性常存」的「常住」說，更值得我們給予關注。

## 二、從「佛性常存」、「真我常住」的立場，凸顯佛性真我的常住特性

道生在註解《涅槃疏》時，「闡提成佛」的紛爭，已經隨著曇無讖《大般涅槃經》的譯本問世而銷聲匿跡，所以，在寫《涅槃疏》時，道生對於解釋佛性的「常住」特性，顯然又更具自信，他說：「不以受身不同，使真我斷也。……佛性不為邪見所穿掘。……雖復受身萬端，佛性常存。若能計得此者，實為善也〔註43〕。」

如前所言者，道生所謂的「真我」，就語意指涉而言，正是一種指向「本真狀態」的佛性「真我」。只是此處，他特別又強調此一「真我」，具有「常

---

〔註43〕大正藏第三十七冊《大般涅槃經集解》，P454。

存」的恆在性，無論我們的身相外表如何「受身萬端」、以及思想底層如何懷疑它而遭受種種「邪見所穿掘」，「眞我」的恆在性，都絲毫不會有動搖。而且，恰如中國先秦儒者在〈中庸〉所指稱的「天命之謂性」一般，這種「眞我」之佛性，在道生的佛性見解當中，是被解讀爲人人天稟固有的本來原型，它才是眞實究竟的我，也才是道生佛性思想當中所追求的本來面目。在道生的行者思維中，也主張唯有此種永恆存在的眞我佛性，才能作爲我們生命或靈性的主宰〔註44〕。

　　而且同樣的，此處道生的常住見解，又與海德格「晦蔽狀態」說非常類似，道生依然認爲佛性的恆在性，會因爲「受身萬端」與「邪見穿掘」這些「在世能在」的「假我」之暫時蒙蔽，而讓「佛性常存」的常住義，經常隱而不彰。因此，就像宣稱佛性具有「湛然常照，莫先爲大」的終極特質一樣，對於佛性常住的特性，道生的面對方式，當然不會如同海德格一樣，把本眞狀態推到形上學的學理中，只安插了一個終極的存有姿態，便束手無策〔註45〕。事實上，在宗教實踐的行動方向中，前述道生「涉求佛性」與「返迷歸極」所牽引出來的實踐策略，都是專注在於將類如「在世能在」的「假我」破除，並在一破一立之磨鍊機制以及辨證過程中，力求讓「不爲邪見所穿掘」之靈性「眞我」、也就是自己的佛性，可以充分開發出來。

　　當然，純粹將思維拉回「佛性常住」的存有問題，關於佛性是否眞實常住的體驗或感受，對於習慣理性認知的一般人而言，的確是相當抽象，很難被解讀或掌握。尤其對於一個沒有像道生那種宗教實踐體驗的人看來，單依人爲理性尺度來測量理解，可能永遠不能跨入常住的實在領域。所以，道生

〔註44〕 所以，站在道生的立場觀之，即使是靈性世界，經歷了邪見汙染，也是會眞妄夾雜的，而行者的工夫所在，就在於破除因爲煩惱習氣所造成的靈魂染污，力求還原自性的本來面目。是故，本文透過道生佛性思想所呈現的靈性意義，根本而言，乃是建立在自性眞我的一種正向之靈魂認知。

〔註45〕 這種海德格形上學進路的困境，相對之下，反而是本文的發展基礎。事實上，海氏在「實踐」層面的落實策略，幾乎都是語焉不詳的，這也是所有研究海氏思想的人，最容易詬病之處。例如學者歐崇敬就認爲，海德格根本「從未直接把握到如何讓存在彰顯實質作用、得到無蔽眞理的過程」，也就是說：海德格對於如何獲取「無遮無蔽」的本眞狀態，根本沒有明確地說出所以然。歐氏認爲海德格只曾經藉由旁觀的途徑，如藝術作品的審美感受，片段式地抓到無遮蔽感。至於眞正的落實過程，仍然還是語焉不詳。相關見解參見歐崇敬《從結構、解構到超解構——超越後現代主義的理論基礎：超解構》，P29。

似乎也看穿了這種困難，因此，他乾脆勸人暫祛「理解」的方式，先改由「信解」的方向進入，他說：「若聞佛性而信解，則是菩提心發〔註46〕。」

這種闡釋佛性的思考邏輯，顯然是以佛教「信」、「解」、「行」、「證」的循序漸進體驗，來替代純理的思維檢視。所謂「聞佛性而信解」，是說：只要我們願意刳洗「假我」的成見，深信我們身上確有一種常住的「真我」，那麼，這種一念深信的覺悟種子，即同「菩提心發」一樣，它將會一步一步地導引我們走向更深度的佛性體驗〔註47〕。而套用海德格的說法，這種逐步深入的佛性體驗，便可以解釋成為「此在」中的常人，透過解除遮蔽、朝向「無遮無蔽」境界的一種切身領會〔註48〕。

總之，道生如此反覆申陳佛性『真我』的存在特性，已經可以清楚證示：道生一方面是企圖廓清佛性與現實經驗的牽纏糾結，認為「不以受身不同，使真我斷」；一方面又試圖將佛性帶入一個無限綿延的恆存境地，所謂「佛性常存」者是。而這個「佛性常存」層面的挺出，則是大有利於破斥偏至的斷見。關於佛性的常住信念可以破除斷見這一點，道生曾以「刀」喻之：「真我常住，能斷眾生之斷見惑，譬之刀也〔註49〕。」

固執人死之後為一切斷滅，沒有後世，叫做「斷見」，這是佛教所謂五種惡見之一。由於「斷見」是堅持人死之後，身心斷滅不復再生的一種看法，所以，有「眾生之斷見惑」者，對於諸如「佛性常存」、「真我常住」的論題，自然格格不入。而且，「斷見」的思想，一旦與極惡斷善根、永不能成佛的「闡

---

〔註46〕見大正藏第三十七冊《大般涅槃經集解》，P467。

〔註47〕道生這個「佛性常存」的說法，在後代有很權威的影響力，例如天台智顗，他在《金光明經玄義》卷上，言及「正因佛性」時就曾說：「佛名為覺，性名不改。不改即是非常非無常，如土內金藏，天魔外道所不能壞，名正因佛性。」這幾乎是將道生「佛性常存」的觀點，塑入「三因佛性」的新骨架裡一般。由此不難窺知，道生佛性義雖曾一度遭受嚴苛的訾議毀謗，但其亙古的洞見仍經得起時間考驗。

〔註48〕本文此處所謂「切身領會」，靈感來自海德格〈回到形而上學深處〉一文的說法，海氏於該文中，認為人必須先有存在的「無蔽」境界之「領會」，進而才能在真理世界中，驗證無遮無蔽的真理。海氏原文為：「從形而上學階段經歷過來，而涉入存在的真理，以還於人的本質，這一整套關係就被稱為『領會』。但在這個領會同時是從存在的『無蔽』境界來被思及的。這個領會就是開竅的謀劃。這個將自身放入謀劃過程中，證實自己『無蔽』的領域，就是存在的真理。」見熊偉譯、馬丁海德格著《熊譯海德格爾》之〈回到形而上學深處〉，P184～185。

〔註49〕見大正藏第三十七冊《大般涅槃經集解》，P463。

提」說法，結合在一起的話，那麼，「佛性」一義，它的終極恆在基礎，整個便會動搖了。以道生的佛性立場來看，毫無疑義地，他認為「眾生之斷見惑」與「闡提不能成佛」一樣，都是違背了佛性的常住信念。所以，常住的佛性立場，最後一定會開展成更強而有力的普遍性原則——所謂「眾生皆有佛性」的說法，因此也就水到渠成地，成為道生佛性思想必定要積極面對的重要論題。

## 三、從「眾生本有佛知見分」與「佛性當有」立場，凸顯「眾生皆有佛性」的普遍信念

　　海德格《存在與時間》第二篇第二章「一種本真能在的此在式的見證，決斷狀態」〔註50〕中，為避免其「本真狀態」的描寫太過於抽象，曾提出良知本體（Gewissen）的觀念。在海德格的形上學推論當中，便是預設每一個人身上都共同擁有此一啟動「本真狀態」的良知本體。他認為人之所以能夠見證本真存在的主要基礎，即是經由這一個普遍性本體。換言之，以海德格的形上思維來看，本真狀態是屬於真理的超越性存在，而良知本體則是屬於真理的內在性存在。在道生佛性思想當中的「佛性」，雖然也有這種類似的普遍性觀念，但他並沒有嚴格思量於「佛性」超越與內在的學理劃分問題，道生反而是以一種「即超越即內在」的渾然天成方式，直接將眾生內在的佛性、與超越層面的成佛境地，透過「眾生皆有佛性」的方式，終極的連結在一起。例如道生在《法華疏》中，便曾說：「眾生大悟之分，皆成乎佛〔註51〕。」

　　這裡的「大悟之分」即指每一個人都共同擁有的普遍性本體——佛性。但道生所認為「大悟之分」的佛性，與海德格的良知本體觀念，最大之差異，是在於道生認為普遍內具於一切眾生有情的不變本質——佛性，它並不是形上學的一種預設，因為它的普遍性意義（佛性），實際上是與它的普遍性的最高價值（『皆成乎佛』），搭配在一起的；道生所謂的「皆成乎佛」，「佛」就是被理解為一個人人都可能實現的最高價值，而實現這種最高價值的，正是內在於一切眾生有情的普遍性本體——佛性。所以，「眾生大悟之分」，是道生

---

〔註50〕見《存在與時間》，P331～370。
〔註51〕《法華疏》即道生《法華經義疏》一書，現見存於卍續大藏經第一五〇冊〔經疏部〕，本文簡稱《法華疏》。此處「眾生大悟之分，皆成乎佛」語，見卍續大藏經第一五〇冊，P824。

透視了世間有情在「在世能在」背後的普遍性原理；「皆成乎佛」，則是對於眾生具有成就終極佛果的存在基礎，給予了最高的肯定。並且，因爲徹底堅信只要是有情眾生，毫無例外地，都可以圓現「皆成乎佛」的究極境況，因此，站在道生的立場來看，「佛性」這一普遍性的本體，當然就不是一個假設性的存在，因爲在成佛之漫漫征途上，它一直都是存在於於我們的眞實生命當中。

又按慧皎《高僧傳》載，道生有〈佛性當有論〉一篇〔註52〕，雖已亡佚，但根據題名來推想，應當也是與「眾生皆有佛性」的義理相關。近人呂澂曾考證認爲：「『當有』是從將來一定有成佛的結果說的，從當果講佛性應該是有。《涅槃經》就如來藏方面立說，本有此義，但因翻譯時，對如來藏這個新概念認識模糊，譯語前後不統一，意義就隱晦了。道生卻能夠從中體會到說如來藏的用意，從而提出當果是佛、佛性當有的主張來〔註53〕。」

文中所謂「如來藏」是指佛性背覺合塵的另一面相，它與佛性在本質上是完全一樣的。依呂澂之說，道生的「佛性當有」說，是從眾生都可成佛的立場（即『當果』）以確認眾生都有佛性。所以，道生這個觀念，與「眾生大悟之分，皆成乎佛」的論點，應是一致的。

總之，針對道生「眾生皆有佛性」的說法觀之，正如我們對其方法論基礎之理解，它和儒家肯定人人可以成聖的論調，彼此的確是可以氣息相通的。而且，藉由海德格的形上通路，更可以對照出道生「眾生皆有佛性」的說法，並不單純只是宣示眾生身上具備了啓動「本眞狀態」的良知本體而已，道生同時也以濃厚之「即超越即內在」的工夫實踐色彩，賦予「眾生皆有佛性」以最高價值之灌注。

除此而外，道生在表達「眾生皆有佛性」這一普遍理念的同時，對現實生命的黑暗面（即無明），也有相當的正視與深透，他說：「眾生本有佛知見分，但爲垢障不現耳〔註54〕。」又云：「但爲結使所覆，如塔潛在或下，爲地所隱〔註55〕。」

其中的「垢障」或「結使」，均可包攝於佛教「無明」所涵括的範疇內。根據《阿毗曇甘露味論》卷上對「無明」無明的解釋，其界定是：「不知四諦

---

〔註52〕見大正藏第五十冊〔史傳部〕慧皎《高僧傳》卷七之〈道生法師〉，P604。
〔註53〕文見《中國佛學思想概論》，P127～128。
〔註54〕見卍續大藏經第一五○冊〔經疏部〕《法華疏》，P807。
〔註55〕見卍續大藏經第一五○冊〔經疏部〕《法華疏》，P824。

內外法去來今佛法眾因緣，如是種種實法不知，是謂無明〔註56〕。」

依阿毗曇說法，凡是遠離了究竟的實法而無所覺知的，都可以稱之爲無明。假若將「眾生皆有佛性」的佛性，比喻爲太陽，則無明就如烏雲，隨時均可遮蔽佛性，使之「垢障不現」。事實上，海德格另於《路標》（Wegmarken）之「面向存有問題」文中，也提出了「存有遮蔽自身」的說法，他認爲「遮蔽就是一種庇護（Bergen），亦即保存著尙未被解蔽的東西。」〔註57〕擋住佛性的「無明」，用海德格的形上語言來講，就是需要被「解蔽」的存在障礙〔註58〕。這一點，道生自然也有深刻體會，《涅槃疏》中，他便以「出金藏故」的譬喻，點出了「眾生皆有佛性」這一普遍理念必然要走出的方向，他說：「除結惑之覆，爲掘見佛性故，爲出金藏故〔註59〕。」

之所以要「除結惑之覆」，原意只在於希望經由負面陰暗的遮蔽之化除，而給予佛性以還原本色的機會，所謂「爲掘見佛性故，爲出金藏故」。自然地，這層道理已不純是本體論的問題，它仍然還是涉及到工夫實踐的層面。由此可看出，道生對於佛性思想的探索推演，最後一定都會兌現爲實踐性的具體行動。通過實踐體驗，「眾生皆有佛性」的義理，才是眞正符應生命境況的實存義諦。

所以，從「除結惑之覆，爲掘見佛性故」的語言脈絡來仔細判斷，道生的佛性觀點，除了會推出終極的「眾生皆有佛性」義理之外，搭配這個佛性見解之具體實踐行動──佛教的般若直觀工夫，其實更爲重要。

## 四、從「中道觀者，則見佛性」 與「第一義，佛性始見」中，指出「佛性」是般若直觀工夫最終抵達的狀態

如前所言者，海德格認爲生命存在的終極原型「本眞狀態」，必須要在去

〔註56〕《阿毗曇甘露味論》爲「阿毗曇」學者瞿沙尊者所造，引文見大正藏第二十八冊〔毗曇部〕《阿毗曇甘露味論》卷上，P670。由於「阿毗曇」學者對於原始佛教三法印思想中「苦」、「空」、「無我」十分重視，而且在表達的模式，很喜歡借用「十二因緣」的教理襯托三法印思想，尤其「十二因緣」當中的「無明」，往往成爲「阿毗曇」學者解釋世間一切現象的重要依據。

〔註57〕海氏語見孫周興譯、馬丁海德格著《路標》（"Wegmarken"），P411。

〔註58〕海德格於《路標》（"Wegmarken"）之「論眞理的本質」中，也道出存在的「遮蔽」不能通達於眞理的見解，其云「存有者整體的遮蔽狀態，即是根本性的『非眞理』。」見孫周興譯、馬丁海德格著《路標》（"Wegmarken"），P191。

〔註59〕見大正藏第三十七冊《大般涅槃經集解》，P449。

除掉存在者個人的「遮蔽」、以及揭開存在真理的「封閉」之後，才能被我們所感知領略。這樣的思維模式，如果套用在道生的佛性思想中，那麼，他認為能夠解除「遮蔽」與「封閉」的憑藉，應當就是超越有無對待、一種趨向於龍樹空觀思想的「直觀」體驗。

而本文所謂「直觀」，其實就是道生所言「乃第一義，佛性始見」裡的「第一義」，「第一義」在龍樹空觀思想中，又有「中觀」、「中道觀」與「第一義空」的別稱。日本專研龍樹思想的學者梶山雄一，在其名著《佛教中觀哲學》書中，即是使用「直觀」一詞引介龍樹般若思想，梶山在第二章裡曾說：「一般被認為是正確的常識與慣行，其實不過是遮蓋真實的誤解而已。在直觀中顯靈的真的實在，一成為思惟與言語的對象時，便即被遮蔽隱沒〔註60〕。」

又第四章中，亦云：「作為直觀自身，這超越乎有無的表現，只是在反省的立場下，被稱為空，被稱為光輝的心靈〔註61〕。」

由此可見，脫胎於龍樹哲學的般若直觀，其本身就是一種超越相對法的心靈工夫。通過直觀所謂「反省的立場」，我們可以見出二元區別（如有無、常斷、生滅等等）的逐漸取消，並能在脫去思惟言語的超越境界中，體驗出一個不可言詮思議的存在自體。這樣的存在自體，依道生的語言系統觀之，即十分類似於海德格「無遮無蔽」所亟欲呈現的本真狀態了。在《涅槃疏》裡，道生便曾以「十二因緣」為例，做過這樣的剖視：「十二因緣為中道，明眾生是本有也。若常則不應有苦，若斷則無成佛之理，如是中道觀者，則見佛性也〔註62〕。」

不執「常」也不執「斷」的中道觀，是企圖由超越相對的內在觀照活動，在我們的性靈本體上，呈顯出一個「無遮無蔽」的絕對境界。這個境界，原即是直通於我們內面生命最原初的「本真狀態」，道生就將此一直觀工夫所抵達的終極狀態，命名為「佛性」。由此可見，道生佛性思想展現，與般若直觀的終極體會，是共棲於同樣絕待的「無遮無蔽」境界裡面的。道生另有「不偏見者，佛性體也」〔註63〕的話，對此一絕待之原理，也有相同的說明性。

---

〔註60〕 語見《佛教中觀哲學》，P96。
〔註61〕 語見《佛教中觀哲學》，P147。
〔註62〕 見大正藏第三十七冊《大般涅槃經集解》，P546。
〔註63〕 見大正藏第三十七冊《大般涅槃經集解》，P548。

　　既然在直觀活動裡，所「顯靈的真的實在」，即是道生佛性思想所要課求的主題。那麼般若空理的窮究，也就自然成為佛性能否完整實現的重要關鍵了。所以，道生在《涅槃疏》裡，就很明白地確立了這個見解，他說：「性本是真，舉體無偽。未能究理，何以為實也〔註64〕。」

　　在佛性「性本是真，舉體無偽」的表達底層，必須要有深刻無比的空理直觀體驗做為基礎才行〔註65〕。易言之，在道生的立場而言，如果實際觀照的工夫仍屬「未能究理」的話，則講論「佛性」，將不過是淪於步空蹈虛的一番戲論而已。

　　正因為透過龍樹直觀的工夫立場，來看道生的佛性思想，我們發現道生他要求心靈轉化與觀照實踐的取向，是如此之明顯。所以，學者方東美也對於道生，有這樣的解讀：「他（道生）能夠根據他所瞭解的佛學，提出一個生命計畫、一個生命理想、一個生命精神，而處處都可以證明他富有佛家很高的智慧。他最後的理想就是：一切人根據宗教的修養與智慧的鍛鍊，最後都可以達到同樣的結果──都可以成佛〔註66〕。」

　　這是一個相當明銳的理解。如果將方東美的看法，拉到本文探討的主題上，我們無疑將更深一層確定：道生的佛性見地，從實修實證的佛性價值來看，無論它是「生命計畫」、「生命理想」或「生命精神」，都與海德格的存在形上學，有絕對性的不同。海德格的形上架構，即使可以摹構推演出類似於本體論佛性的「本真狀態」或甚至「良知本體」的觀念，但在落實的實踐歷程上，他則往往只能保持存而無論、不予涉足的超越姿態。相對之下，道

〔註64〕見大正藏第三十七冊《大般涅槃經集解》，P532。

〔註65〕原則上，「空」不應該靠著知性概念做任何界定，而且，在大乘教法當中，依據不同的進路與方便，對於「空」也可能產生不一致的強調面相。例如葉阿月〈「空性」的同義語〉一文，就主張依「唯識系及如來藏系」立場，「空」有「活用於淨化佛土」的意義：「大乘佛教所主張的空性，並不是空空洞洞、如龜毛兔角的消極否定的意思。尤其唯識系及如來藏系所強調的空性，……皆表示活用於淨化佛土的真空妙有的空性，就是『無之有』的空性的真意義。」（葉文見於《哲學與文化》第3卷第1期，P34）。而釋恆清法師〈「《大般涅槃經》的佛性論」〉一文，則順空義論括佛性，以為佛性即是「具見空與不空的空」，其謂：「若以空義論佛性，則佛性是中道第一義空。它是具見空與不空的空。」恆清法師文見於《台灣大學文學院佛學研究中心學報》第1期，P74。本文此處所強調龍樹空觀的「空」，也參考了以上兩人的說法，並著重建立在觀照與實踐的模式之下，將道生的「佛性」說，順著此一「空」義而拖帶浮現出來。

〔註66〕語見方東美《中國大乘佛學》，P158。

生的佛性理念，則是有本體層面也有工夫層面；而且本體層面的佛性，必須透過實際的「宗教的修養與智慧的鍛鍊」，也就是要通過「中道觀」和「第一義空」這些遮撥有無、去除對待的直觀工夫，才是眞正地被我們所體驗感知。

## 五、主張「無我」或「佛性我」的轉化機制，能去除存在者個人的「遮蔽」以及存在眞理的「封閉」

而且，在般若直觀的帶動下，依據道生佛性思想的終極發展來看，的確是可以將海德格存在者個人的「遮蔽」以及存在眞理的「封閉」兩種存在限制，在內在的靈性運作當中，通過「無我」或「佛性我」的轉化機制，而破除其存在封印。根據《大般涅槃經》的說法，如果我們在實際的工夫活動當中，眞能如此地靈交於本眞狀態、融透佛性本體的話，那麼，道生佛性思想中之「最後的理想」──大解脫的涅槃境界，就會當下呈現。道生《涅槃疏》中，對於此種圓現「無我」乃至「佛性我」的本相境界，也曾有深度的描繪。

道生云：「生死不得自在，故曰無我〔註67〕。」又說：「成佛得大涅槃，是佛性也〔註68〕。」以道生的佛性思想來看，他認爲眞正究竟的佛性實踐，最後一定圓滿地取證《大般涅槃經》中所敘述的「無我」乃至「常樂我淨」的涅槃工夫。而且，道生強調「無我」的工夫，原是爲生死不自在的現象而產生的對治策略；他認爲透過「無我」，我們才有可能朗現蛻脫我執、充分自在的「常樂我淨」涅槃境界。關於這一點，印順法師的下述見解，是可以相應證的：「對於佛果的大般涅槃，切勿作我想，我想與涅槃是永不相應的。……入了涅槃，無牽制、無衝突、無迫害、無苦痛，一切是永恆、安樂自在、清淨。而這一切，都從空無我中來。涅槃的見地，如苦痛的消散，無分別、無分量、寂靜平等，這在大小乘中都是一樣的，都是從無我觀中，消除個我的對立而說明的〔註69〕。」

通過此一「無我」的內部心靈活動，萬事萬物所顯發出來的面目，當然就都是赤裸裸的眞實本質了。此與海德格「無遮無蔽」所亟欲呈現的本眞狀態，在精神上可謂十分相應（差別就只在於：海德格在他的形上學當中，無法具體點出如何走向『無遮無蔽』的通路）。而且，道生還曾以「法」爲例，

〔註67〕見大正藏第三十七冊《大般涅槃經集解》，P405。
〔註68〕見大正藏第三十七冊《大般涅槃經集解》，P547。
〔註69〕見印順《學佛三要》，P238～240。

做這樣單刀直入的解析：「夫體法者，冥合自然，一切諸佛，莫不皆然。所以法爲佛性也〔註70〕。」

倘使能當下「冥合自然」地體會「法」，透視它水淨沙明的內具本質，那麼這和深切體驗佛性所表達出來的意義，是一樣的（因爲它們終要歸復於本具的空性之中）。道生所謂「無非法爲法也，在人顯焉，而宣通於物」〔註71〕；與這種「冥合自然」的無我基調，在實質上都是互相印合的。由此可見，道生所認爲的究竟的佛性義，最後一定是去除掉存在者個人的「遮蔽」、以及揭開存在眞理的「封閉」之後，個體自我存在的「佛性」與法界眞理的「法性」，可以共同遞升爲無我而一體圓融的境界。這一種「佛性」、「法性」同證本眞狀態的佛性見解，在海德格形上思維中，原只是一種可望不可即的形上存在，但在道生，則是可以透過直觀與「無我」的自主性轉化，具體的呈現在內面靈性本相當中。

## 肆、結論

歸結前面的論述，本文可以約化爲底下八個主要的論點：在曇無讖《大般涅槃經》未譯出之前，道生即能巨眼先矚地預見「闡提成佛」說，實因道生在佛性思想的思考模式上，植入了中國傳統心性學（特別是儒家性善論）的普世價值所致。所以，道生所謂「佛性不爲邪見所穿掘」的心性學洞見，以及「雖復受身萬端，佛性常存」的肯定論點，都與此一內化於道生佛性思想中的儒家普世價值，關係密切。

第一、弘始三年入華，影響道生深遠的鳩摩羅什，讓道生有機會吸納當時流行於中國西域之龍樹般若學思想。道生《涅槃疏》有「中道觀者，則見佛性也」、「先見不空，然後見空，乃第一義，佛性始現」的佛性論點，就是將龍樹的「第一義空」的中觀般若哲學與「佛性」熔爲一爐。這一種將本體論的「佛性」與工夫論的「般若」巧妙縮結在一起的「體」、「用」模式，在道生佛性思想的整體發展中，是相當重要的方法論基礎。

第二、本文透過海德格在《存在與時間》中，所推論之「在世能在」通向於「本眞狀態」的形上學模式，相對發掘出道生佛性思想的卓優之處；無

---

〔註70〕大正藏第三十七冊《大般涅槃經集解》，P549。
〔註71〕見大正藏第三十七冊《大般涅槃經集解》，P532。

論是「佛性」義理特質之詮釋，或實現「佛性」終極境界的努力，道生都能夠在形上之深層體驗型態上，表現出獨樹一幟的見地。海德格與道生二人，於形上世界的終極意義探索當中，海德格偏向於純粹之哲學思辨，道生則較強調實際的修證體驗，但基本上對於「本眞狀態」之終極存在，二人皆無疑義。

第三、道生「不易之體，湛然常照，莫先爲大」所指謂之佛性思想，在表達層次上，已十分逼近於海德格使用「無遮無蔽」描繪「本眞狀態」的形上推論，有其生命原型與終極性的意義指涉。然而對於如何回歸於此一生命原型與終極存在，兩人仍有其見解的不同：其中，海德格是以形上思辨的方式，認爲只要去除了個人的遮蔽以及眞理的封閉，存在的本眞狀態，就能爲我們所感知。而道生則是從「涉求佛性」與「返迷歸極」的還原架構下，以宗教性靈修持的實踐模式，肯定此一天然本有的存在──「佛性」。

第四、道生「不以受身不同，使眞我斷」的見解，一方面是企圖廓清佛性「眞我」與現實經驗的牽纏糾結，一方面又試圖透過「佛性常存」的信念，將佛性帶入一個永遠存在的「常住」定位。而且，道生在解析其常住見解時，與海德格「晦蔽狀態」說非常接近，道生也承認佛性的恆在性，會因爲「受身萬端」與「邪見穿掘」這些「在世能在」的「假我」之蒙蔽，而讓「佛性常存」的常住義，經常隱而不彰。但是，在道生的佛性信念中，則是堅定地強調此一「眞我」，具有「常存」的恆在性，無論我們的身相外表如何「受身萬端」、或思想層面被外加之「邪見所穿掘」，此一佛性「眞我」的恆在性，如同永生的種子一般〔註72〕，自始至終都不會從我們的生命中流失。在道生的佛性思想中，也唯有此一佛性「眞我」，才能作爲我們生命或靈性的主宰。

第五、以海德格的形上思維來看，「本眞狀態」是屬於眞理的超越性存在，而「良知本體」則是屬於眞理分殊於個體之內在性存在。而在道生「眾生大悟之分，皆成乎佛」觀念當中的「佛性」，雖然也有這種類似的普遍性觀念，但他並沒有嚴格思量於「佛性」超越與內在的學理劃分問題；道生反而是以一種「即超越即內在」的渾然天成方式，直接將眾生內在的「大悟之分」（佛

〔註72〕「永生的種子」原是天主教的說法，係指不會被物質所化約、且足以抗衡死亡的生命秘密，教宗若望保祿二世認爲這個生命的秘密，來自基督，而且也是基督直接將它接枝在人性之上，深植於每個人心中。見 Matthew E. Bunson 輯錄，中國主教團秘書處譯《教宗的智慧》，P17～19，台北立緒圖書出版，1996年。

性)、與最高價值層面的「皆成乎佛」(成佛),透過「眾生皆有佛性」的觀念平台,終極的連結在一起。換言之,「眾生大悟之分,皆成乎佛」,是道生透視了一切有情眾生「在世能在」背後的普遍性原理,對於眾生具有成就終極佛果的存在基礎,直接給予了最高的肯定。當然,如本文所推論的,道生這樣的佛性見解,和中國儒家肯定人人可以成聖的論調,在方法論的基礎上,原是可以互爲印證的。

第六、透過道生所言「乃第一義,佛性始見」裡的「第一義」,我們可以從實修實證的佛性價值,來檢視道生的佛性思想。很顯然地,它與海德格的存在形上學,已有絕對性的不同。海德格的形上架構,即使可以摹構推演出類似於本體論佛性的「本眞狀態」或甚至「良知本體」的觀念,但在落實的實踐歷程上,海氏往往只能保持存而無論、不予涉足的超越姿態。相對之下,道生的佛性理念,則是有本體層面也有般若直觀的「宗教的修養與智慧的鍛鍊」工夫。在道生來看,佛性思想之動態展現,與般若直觀的終極體會,原是共棲於同樣絕待的「無遮無蔽」境界裡面的。所以,趨向於龍樹空觀思想的「直觀」體驗,是道生佛性思想必定會走出的終極方向。

第七、從道生「成佛得大涅槃,是佛性也」論點當中,可以得知道生所認爲眞正究竟的佛性實踐,最後一定會證成《大般涅槃經》中所敘述的大涅槃境界。在道生的佛性思想裡,大涅槃境界中的「佛性」,與法界眞理的「法性」,可以共同遞升爲無我而一體圓融的境界。這一種「佛性」、「法性」同證本眞狀態的境界,在海德格形上思維中,必須要去除掉存在者的「遮蔽」以及眞理的「封閉」後,才有可能;在海德格的形上推論中,原只是一種可望不可即的形上假設,但在道生,則是可以透過般若直觀與「無我」的自主性轉化,具體的呈現在我們內面的靈性本相當中。

以上,我們大致對於道生佛性思想論點中,所提到的佛性之先在特質、終極特質以及常住特質,乃至「眾生皆有佛性」與般若直觀的實踐面相,透過海德格存在形上學的探討檢視,都已有相互對照的分析與凸顯。平心而論,從形上學的本體層面來看,道生解讀佛性的整體取向,乃是築基於一種強調常住眞我的正向本體認知,依據於「眾生大悟之分,皆成乎佛」(或『眾生皆有佛性』)此一核心價值建構其佛性思想,這種建構的本身,在道生當時,亦當然有其獨樹一幟的思維創意,例如「闡提成佛」見解的提出、龍樹「第一義空」思想的融入佛性思想……等等。只是,明銳如道生者,似乎也知道,「不

以受身不同，使真我斷也」與「真我常住，能斷眾生之斷見惑」的生命態度，對佛教行者而言，固然稀鬆平常，但透過一般人的角度來看，仍不免陳義過高，難以領略。畢竟，就一個習以「在世能在」為依歸的普通人觀之，佛教所指謂的五欲與三毒，早已經成為生命難以剝離的底色了。尤其在喧囂紛亂的緣構氛圍之中，「在世能在」根本不是一個靜態的術語，它是活靈活現地與我們生活同步，而且不斷累加各種匪夷所思的變數與障礙，人在鼎沸的緣構世界中，的確常是疲憊不堪，難有精神昇華空間的。因此，如同本文八個結論所欲呈顯的，道生對於佛性思想的摹構推演，就整體的發展而言，絕對不會只侷限在形上色彩濃厚的本體義裡面，因為道生採取的方式，基本上就不是屬於海德格式的純粹形上學進路；他的佛性思想，其實都是可以完全印證在實際的般若直觀工夫歷程上，以求取內面靈性生命的直接驗證。

在海氏《存在與時間》中，如我們所知者，海德格僅能依於形上推論，在理論形式上，主張應當剝掉人的「遮蔽」以及真理的「封閉」，才可能獲致本真狀態的說法。相較之下，道生佛性思想的主張，顯然在表達人如何面對「在世能在」的「蔽晦」現象、進而轉化「蔽晦」，在「佛性」這一本體自主價值上面，他更清楚凸顯了一種積極的行動意義。所以，道生的佛性思維的重心，很明白地，就絕對不會只是一種留駐在靜態本體論的哲學原理當中，它實際上已經被落實為一套動態呈現的「體」、「用」模式。而經由「體」、「用」的完美結合，尤其放在「佛性」、「法性」同證本真狀態的實踐需求上來運用，實最能激化出道生直觀佛性本來面目之「務實」功力〔註73〕。

所以，此一佛性思想的「務實」取向，不僅僅是道生有別於海德格形上學的最大差異所在，也應當是道生與當世流行於士子間的玄學「清談」，最明顯的不同。干寶在〈晉紀總論〉中，對道生當時的名士清談，即曾這樣敘述：「學者以老莊為宗而黜六經，談者以虛蕩為辨而賤名檢，行身者以放濁為通而狹節信〔註74〕。」

---

〔註73〕此處「體」、「用」之說，是參考劉貴傑的說法。劉認為體用範疇」在道生當時的玄學與佛學而言，是可以達致「玄佛會通」的主要媒介。劉語見《竺道生思想之研究》第三章「竺道生思想之學術背景」，P23～26。

〔註74〕干寶之〈晉紀總論〉，原應為其撰述《晉書》之一部分，但因後來干寶之《晉書》亡佚，目前干寶著作，僅〈晉紀總論〉見錄於梁蕭統《昭明文選》第四十九卷之「史論上卷」。此處引文，已過濾掉夾雜其間的李善注文，見《昭明文選》第四十九卷「史論上卷」，P693。台南北一出版社 1974 年。

　　所謂「以老莊為宗而黜六經」，是典型魏晉玄學的縮影；而「以虛蕩為辨而賤名檢」，則在說明清談本身只重境界而不務實際的情形。至若「以放濁為通而狹節信」，則是對名士們卸除人性束縛和禮教枷鎖後的放浪形骸，做批判式的說明。道生當時的名士清談學風，原本就是在兩漢經學衰微之後〔註75〕，從禮法和傳統桎梏中，解放出來的一種玄學文化。然而，佛門人物畢竟不同於清談名士，特別是在道生的佛性思想當中，「務實」的態度，讓他能夠在體驗空觀哲學的同時，還保留住傳統儒家的性善立場，使新舊文化相得益彰、同證同成。而他的佛性論點，雖亦有其形上本體之超越境界，卻不會只淪為一番空談；因為在般若直觀的工夫當中，「如是中道觀者，則見佛性也」，道生認為：佛性本來就實現在般若的實際觀照中，以「體」、「用」的完美結合，兌化為真實的生命覺受。因此，道生之佛性思想，不同於純粹之形上學，亦已絕異於當時名士清談，其獨樹見地，應該很值得我們正面肯定。

## 參考文獻

1. 方東美（1984）。中國大乘佛學。台北市：黎明出版社。
2. 印順法師（1986）。學佛三要。台北市：正聞出版社。
3. 印順法師（1988）。如來藏之研究。台北市：正聞出版社。
4. 呂澂（1982）。中國佛學思想概論。台北市：天華出版社。
5. 余德慧（2008）。生死學十四講。台北市：心靈工坊。
6. 恆清法師（1996）。《大般涅槃經》的佛性論。台灣大學文學院佛學研究中心學報1期，32～63頁。
7. 晉僧肇（1957）。肇論。收錄於大正藏第四十五冊（諸宗部235～275頁）。台北市：中華佛教文化館大藏經委員會。
8. 晉道生（1976）。法華經義疏。收錄於卍續大藏經第一五〇冊（經疏部651～921頁）台北市：新文豐出版社。
9. 唐君毅（1984）。中國哲學原論「原道篇」。台北市：學生書局。

〔註75〕兩漢經學不僅有流於章句繁碎之弊，還存在著家法師承的藩籬之見。著名的今古文之爭，彼此各據山頭、喧嚷不休，已是學術史上公認的事實。這些因素，都在無形中，促使兩漢儒學走向分裂衰微的命運。到了東漢末年，朝廷內有外戚擅權、宦官為禍，外有異族入侵，境內又盜賊四起，災癘橫行。董卓、曹孟德之輩復相競削斷名教，為自己的政治野心製造理由。兩漢儒學在內部經學的紛亂之中，原已元氣大傷，再加上這些致命的破壞，它的命運當然就更加日薄西山了。

10. 陳兵（1995）。生與死的超越：佛教對生死輪迴的詮釋。台北市：圓明出版社。

11. 陳沛然（1988）。竺道生。台北市：東大出版社。

12. 陳義孝（2006）。佛學常見辭彙。台北市：大乘精舍印經會。

13. 黃懺華（1979）。魏晉南北朝佛教小史。台北市：大乘文化出版社。

14. 梶山雄一（1978）。佛教中觀哲學（吳汝鈞）。高雄縣：佛光山出版社（原著於 1968 年出版）。

15. 梁僧祐（1957）。出三藏記集。收錄於大正藏第五十五冊（目錄部 256～517 頁）。台北市：中華佛教文化館大藏經委員會。

16. 梁慧皎（1957）。高僧傳。收錄於大正藏第五十冊（史傳部 523～608 頁）。台北市：中華佛教文化館大藏經委員會。

17. 梁寶亮（1957）。大般涅槃經集解。收錄於大正藏第三十七冊（經疏部 377～611 頁）。台北市：中華佛教文化館大藏經委員會。

18. 梁蕭統輯錄、唐.李善注（1974）。昭明文選。台南市：北一出版社。

19. 勞思光（1980）。中國哲學史（第一卷）。香港：友聯出版社。

20. 隋智顗（1998）。金光明經玄義。台北市：大乘精舍印經會。

21. 湯錫予（1991）。漢魏兩晉南北朝佛教史。台北市：鼎文出版社。

22. 葉阿月（1976）。「空性」的同義語。哲學與文化，3 卷 1 期，26～57 頁。

23. 葉海煙（1994）。所謂「基源問題」——勞著（中國哲學史）的一項商議。東吳哲學傳習錄，3 期 1 卷，113～123 頁。

24. 蔣年豐（2005）。與西洋哲學對話。台北縣：桂冠圖書出版社。

25. 劉果宗（2003）。竺道生之研究。台北市：文津出版社。

26. 劉貴傑（1984）。竺道生思想之研究。台北市：商務印書館。

27. 歐崇敬（2003）。從結構、解構到超解構——超越後現代主義的理論基礎：超解構。台北市：洪葉文化事業出版公司。

28. 錢穆（1986）。國史新論。台北市：東大出版社。

29. 戴正德（2005）。生死學——超越死亡。台北市：權威圖書出版社。

30. 瞿沙尊者（1957）。阿毗曇甘露味論。收錄於大正藏第二十八冊（毘曇部 509～746 頁）。台北市：中華佛教文化館大藏經委員會。

31. Bunson, M. E.（1996）。教宗的智慧（中國主教團秘書處）。台北市：立緒圖書出版社（原著於 1992 年出版）。

32. Palmer, F.R.（1985）。語意學（陳榮波）。桃園市：逸龍書局（原著於 1972 年出版）。

33. Heidegger, M. （1998）。路標（周興）。台北市：時報文化事業（原著於 1967 年出版）。

34. Heidegger, M. （1989）。存在與時間（上下二冊）（陳嘉映、王慶節）。台北市：唐山出版社（原著於 1927 年出版）。

35. Heidegger, M. （2004）。熊譯海德格爾（熊偉）。上海市：同濟大學（原著於 1959 年出版）。

# 附錄二　賢首本體思想之全人理念與通識智慧

南開科技大學通識教育中心　副教授　陳松柏

## 摘　要

　　本論題所討論的賢首，生於唐太宗貞觀十七年（公元 643 年），卒於唐玄宗先天元年（公元 712 年）。在唐代華嚴思想的傳承系統中，他承續了華嚴宗初祖杜順以及二祖智儼的思想，並能大力統整教理體系，將華嚴哲學發揚光大，世稱其爲華嚴宗三祖。本文研究主題有二，其一乃是以賢首的本體論思想爲探討主軸，而解讀的學術語言，則是藉助於眞常系統之「如來藏」以及海德格的存在哲學，以之爲詮釋的基本架構。於此架構中，隨之可延伸出研究主題之二，即是以目前國內大學校園裡的通識教育爲基底，萃取賢首思想的全人理念與通識智慧，以之爲深化通識課程內涵與提升教學能量的增上緣。

關鍵字：賢首、全人、通識

# 前言

在通識教育理念中,「全人教育」(Wholesome education)代表的,乃是一種訴求均衡健全的通識方向,在目前國內大學院校所開設的通識課程當中,其實已經是很多學校通識課程的主要精神。而筆者實際擔任科技大學全人通識課程之教學,諸如「社會關懷」、「身心健康」、「生死學」、「國際視野」、「人文素養」等科目的授課,迄今已有廿餘年之經驗。然而近年來,源發於外在大環境的變動以及社會的失序錯亂,對於通識課程中之「全人教育」精神的實際執行,尤其格外有挑戰性。

特別是目前大學校園中的年輕學子,看待生命存在的方式,可能已經逐漸被偏激扭曲的電玩價值所取代;而對於人的靈性生命的漠視與疏離,更是直接反映在近年來台灣社會的動盪失序以及傷人自殺悲劇裡面。這種瀰漫在我們生活週遭的弔詭情境,正嚴重的考驗通識傳統博雅全人的教學理念,尤其講求均衡健全的通識教育,絕對應當視之為嚴正看待的當務之急。筆者長期觀察檢討如此外在社會的亂象,衷心深刻的感受是:無論我們進行何種全人通識課程的設計,實際上仍然有必要思考一種「體」、「用」雙面兼顧的方向。過去我們在大學通識課程設計當中,較常關注到務實性的所謂「用」的範疇,例如「生命關懷」、「藝術鑑賞」、「公民知識」或「性別平等」……等目前在通識課程中,經常被歸類為基本素養的議題;這些務實性的通識課程,雖然常常都是各校通識中心最容易縮結教學重心、眾目關注之所在,但它實際上,仍然只是一種「用」的設計方式。深入思維的話,這些顯性議題的背後,應當還有一層比較陌生冷門之本體論範疇,卻始終是被我們忽略了;而此一陌生冷門之本體世界,極可能就是全人教育中最基礎的起點(但不幸卻也是最容易被遺落的部分)。也就是說,過去通識教育中的課程精神,較強調表層式的全人教育,雖然似乎已經可以傳達目前大學校園最迫切當務的通識理念;然而仔細推勘,它內在深層之「體」的義理基礎,諸如本體哲學或心性思維,反而在長期被隱性處理以及不易被立即關注的情況下,始終處於闇而不彰的尷尬處境。筆者深心認為:屬於「體」的通識議題,其實最能直接凸顯全人教育的核心價值,原本就應被吾人給予應有的平衡重視。所以,本文撰寫動機,其實只是要把課堂當中未盡之言,藉由華嚴思想家賢首的本體

思想探討，重新找出全人教育可能遺落的東西。之所以特意選擇賢首的本體思想，並且還另外透過歐陸存在主義的本體論通路，做為詮釋解讀的接引媒介，目的正是希望藉由不同思想家的深層本體論智慧，嘗試著去探索出一個共屬於我們身上的全人起點，我相信這種根源性的起點，是任何一個人都不應漠視的「體」。筆者認為：此一深層本體論智慧，不單是在全人教育或通識教學中，應該被積極正視，也同時是現代人很需要重新認取，一個屬於自我實現的重要基礎。

## 一、賢首本體思想的義理核心

2000 年時，筆者曾發表〈「性起」說之義理研究〉一文〔註1〕，是透過賢首的「性起」見解為通路，將學術重心，擺放在唐代華嚴思想本體論的通盤處理上。當初撰寫初衷，原來是希望以「性起」為通路，擷發賢首本體論的生命論點，轉而成為「生命通識」的參考教材。但經過多年的實驗，發現學生對於「性起」的認知，遠不及筆者課堂上經常援用的「如來藏」見解。而且，整合多年來之實際教學過程與自己深入的觀察，也暗自發現：賢首本體思想的義理核心，其實應當是在「如來藏」上，「性起」只是「如來藏」運作中的一個姿態而已。換言之，賢首本體思想的重心，應是一種以「如來藏」為輻輳中樞的本體論。

因此，本文論題中的「本體思想」，是以近年來筆者實際關注的「如來藏」，為全文實際之探討重心。尤其關涉到全人理念與通識教育的相關議題，也是以賢首本體思想的「如來藏」說，作為銜轉發揮的根據。

「如來藏」是佛教本體論思想的重要主張，不僅賢首本體見解與此密切相關，其華嚴哲學的核心義理，也與「如來藏」形影不離〔註2〕。那麼，究竟何謂「如來藏」？應即是進入賢首思想之先，必須設法先行釐清的環節。

實際上，「如來藏」（tathagatagarbha）這一詞語觀念的形成，就印度佛教哲學發展言，應當是分別整合了「如來」與「藏」兩層意義而來。其中，「如來」（'tatha-agata'）一語，同時包攝了「如去」（'tatha-gata'）以及「如來」

---

〔註1〕見 2000 年〈南開學報〉第五期，陳松柏〈「性起」說之義理研究〉，P321～334。
〔註2〕這種說法，主要參考印順《如來藏之研究》第四章 「如來藏說之孕育與完成」第二節『華嚴經含蓄的如來藏說』的論點。印順認為如來藏說在華嚴宗的原典《華嚴經》中，原本僅具含蓄性的陳述，但結合了後來華嚴哲學的真常心思想，則幾乎已與華嚴宗的核心義理融合為一。印順語，見《如來藏之研究》P98。

（'tatha-agata'）兩個構面的辭義；因為「如」（'tatha'）這個字，本身就有自在無待的意思。因此，「如來」就意謂著一種不受生死局限的自在境界。而所謂「藏」（garbha）的觀念，則大致上涵蓋了胎藏（Garbha）或心性本淨（Cittaprakritivisuddhi）的意謂〔註3〕。

於是，把「如來」與「藏」兩層意義晶結起來，便形成本文所欲借重探討的如來藏思想。就本體論的角度來看，「如來藏」承認一個永遠不變的真常本性之存在，它隱身在眾生煩惱的心性中，是一個能夠完全自由自在而不受生死拘束的永遠不變之本體。無論是主張「性具」的天台思想，或本文探討之華嚴賢首的思想，對於本體真常的「如來藏」，都堅信它是一種永恆不變的本體指涉。例如賢首「譬如大摩尼寶。體性明淨久被塵累。而有麤穢之垢」一語〔註4〕，就是用「明淨久被塵累」的摩尼寶譬喻，形容如來藏雖在真妄夾雜的處境底下，也依然不失去其「體性明淨」的本體論特性。

而回溯賢首之前的翻譯經論，如來藏的說法，也是很早就已經被大家所關注。例如唐代梵僧般若翻譯的八卷本《大乘本生心地觀經》，在卷三的偈語當中，便有如同賢首「久被塵累。而有麤穢之垢」的如來藏見解：

> 鈍根小智聞一乘，怖畏發心經多劫，不知身有如來藏，唯欣寂滅厭
> 塵勞，眾生本有菩提種，悉在賴耶藏識中，若遇善友發大心，三種
> 鍊磨修妙行，永斷煩惱所知障，證得如來常住身〔註5〕。

此處「不知身有如來藏」或「眾生本有菩提種」，根本的主張，乃是強調一切眾生，原本就先驗的具備了本體的不變特性，這原本就是一個真常的生命本相。在《大乘本生心地觀經》的文字內涵裡面，所謂「如來藏」的論點，已經是肯定了眾生的原本內在特質中，就有一種與佛無二、不受生死局限的真常本性；這也是賢首「譬如大摩尼寶。體性明淨」所欲極力描繪的本體特質。並且，此一如來藏的涵蓋對象，依照《大乘本生心地觀經》的說法，只要是有情眾生，便全部一體適用。換言之，如來可以顯現的性質，在大地眾生身上，也一樣可以找到。然而，極度弔詭的是：經文卻指出了鈍根以及小智的二乘人，聽聞此一究竟之「身有如來藏」見解，反而會因為心生恐怖及畏懼，

---

〔註3〕 以上關於如來藏的梵語說法，參考印順《如來藏之研究》第一章「序說」第
　　　　三節 『如來藏的名稱與意義』，P9～19。如來藏的辭義結構部分，參考林光
　　　　明、林怡馨編譯之《梵漢大辭典》下冊，P437～439。
〔註4〕 賢首語，出自《修華嚴奧旨妄盡還源觀》，見中華大藏經第九十冊，P637。
〔註5〕 《大乘本生心地觀經》卷三語，見《大正新修大藏經藏》第十五冊，P632。

而「怖畏發心」，泂致怯懦不前、進退失據。究竟為什麼會如此？按照《大乘本生心地觀經》的講法，其實都還是因為被煩惱塵勞所蔽覆、不知不證自身中的如來藏本體所導致。仔細推想，這也恰好是賢首借用摩尼「麤穢之垢」，所想要凸顯出來的夾雜著「久被塵累」的如來藏特性。所以，在西元五世紀初，天親所撰寫的《佛性論》（在中國由隋代梵僧眞諦翻譯）卷二〈如來藏品〉，便乾脆將「如來藏」一詞的『藏』字，區界爲「所攝」、「隱覆」、「能攝」三種涵義，形成了一套可以互相詮釋補充的『藏』字解釋：

> 如來藏義有三種應知。何者爲三？一所攝藏。二隱覆藏。三能攝藏。……如來性住道前時。爲煩惱隱覆。眾生不見故名爲藏〔註6〕。

其中的「隱覆藏」，天親是指出一般眾生的煩惱生死身中，有「如來藏」常住不變，只因煩惱覆蓋而未得覺知。至於「所攝藏」與「能攝藏」，則是從一種聖凡平等的超越立場，肯定眾生都有「如來藏」、亦皆有自性清淨的先驗本體，世俗諦的所有妄想、煩惱都不能污染它。易言之，從〈如來藏品〉的角度來看，「如來藏」在本體的解讀上而言，主要是被界定爲一個究竟清淨本體的必然存在；只是，在一般的塵井凡夫身上，「如來藏」是被各種實然層面的無明煩惱所遮蔽。

透過如來藏原典「清淨本體」與「無明遮蔽」兩造共具的意義中，不難看出賢首之所以有「體性明淨久被塵累」的說法，其背後理應有一番相當腦神警覺的存在洞見與智慧。歐陸存在主義思想家海德格（Martin Heidegger），在其名著《存在與時間》（"Being and Time"）中的關懷重心〔註7〕，也強調人的實然存在處境「在世能在」（In-der-Welt-sein），暗藏了許多蒙蔽或者封存的盲點，阻礙了我們對於生命內面之眞實存有的開發與探求。但海德格的論點，畢竟仍只是形上學的純理思辨，海氏依然相對較缺乏具體的實踐策略。此在於賢首，則全然不同，因爲恰如天主教徒相信人身上有「永生種子」一樣〔註8〕，賢首也堅信眞實「體性明淨」的如來藏種子，始終與人生死共在，不曾刹那失去。單是如此一個絕對無疑的宗教式信念，就足以讓如來藏本體在任何的生活細節中，走出發光發熱的實踐風采。

---

〔註6〕天親《佛性論》卷二語，見《大正新修大藏經》第十六冊，P537。

〔註7〕爲行文說明之便，底下凡本文所使用的海德格《存在與時間》（Being and Time）原典中文術語，均係參考中國大陸學者陳嘉映、王慶節的中譯。

〔註8〕「永生種子」原是天主教的說法，係指不會被物質所化約、且足以抗衡死亡的生命秘密，教宗若望保祿二世認爲這個生命的秘密，來自基督，而且也是基督直接將它接枝在人性之上，深植於每個人心中。見 Matthew E. Bunson 輯錄，中國主教團秘書處譯《教宗的智慧》，P17～19。

## 二、賢首本體思想之全人理念

前已提及，賢首最容易被立即關注的本體論點，是「性起」而非「如來藏」。但推究其原委，賢首的如來藏見解，方是其本體思想的義理根本，性起或其他的華嚴見解，幾乎都來自如來藏的演化。因此，本文底下，一方面是針對賢首如來藏思想的逐層剝析，一方面則是嘗試演繹挖掘其內在蘊藏的全人理念。而搭配賢首「如來藏」實際思路條理的分說，演繹全人理念部分，略分為三個構面，依序分別是：全人理念的起點、全人理念的行動法則，以及積極利他的全人價值。

### （一）全人理念的起點——強調人都有「自性清淨」的生命基本盤

學術上的普遍看法，提及賢首時，總會將他的本體思想，連帶地盤整在華嚴宗的架構底下。而「性起」經常被認為是華嚴思想之本體論核心，「性具」則為天台思想之本體論主張；兩種立場彼此著重點不同，學說的整體風格也涇渭分明、各具特色。然而，細究其實，中國的華嚴思想是否只談「性起」而排斥「性具」？這個問題的真相，固然自來便是一樁爭訟不決的懸案，卻也是允許多元立場的有趣話題。尤其透過賢首的本體論思想來看，「性起」雖然的確肯定有一真如法性之形上本體，可以依此性而啟現萬法；然而在賢首圓融收放華嚴哲學的大格局思維底下，所謂「萬法」，其實也是含容包攝在真如法性之中的。所以，他說「緣相本空。智體照寂。諸緣相盡，如如獨存」〔註9〕，本體論意義的「性起」，並沒有一絲一毫離開萬法「緣相」，它的普遍運作之本體特性，與天台宗所強調的本體自性包容一切萬法之「性具」主張，實際上並非一定分河飲水、絕不相侔。

而尤有進者，賢首在探討本體思想時，往往跨過容易爭議的「性起」，直接借用更根本的「如來藏」說詞，將他所意屬的華嚴境界，作更圓融周洽的發揮。在《修華嚴奧旨妄盡還源觀》卷首，賢首以「如來藏」的立場，表達他對於此一普遍本體的認知：

> 如來藏中法性之體，從本以來，性自滿足，處染不垢，修治不淨，
> 故云自性清淨〔註10〕。

---

〔註9〕語出賢首《修華嚴奧旨妄盡還源觀》，見中華大藏經第九十冊，P638。

〔註10〕此處所引賢首《修華嚴奧旨妄盡還源觀》語，見中華大藏經第九十冊，P637。但清末楊仁山金陵刻經處，依明版「徑山藏」流通重刻的〈修華嚴奧旨妄盡還源觀〉版本，此處之「故云自性清淨」，則作「故云如來藏自性清淨」。「徑山藏」的版本，實較能貼切表達賢首的如來藏本意。金陵刻經處的版本，見《諸宗經典輯要》P67。

　　根據賢首的說法，「如來藏」是一個以先驗型態存在的清淨本性，所謂「從本以來，性自滿足」的描繪，便是直接道出這個本體型態，是每一個人與生俱在的生命基本盤，具有超越經驗的先驗性〔註11〕、以及本來清淨的兩大特性。

　　如果參考印順法師《印度佛教思想史》的講法，賢首此處所談論的「如來藏」說，應當也是脫胎自大乘佛教成熟時期的本體論觀念。大乘佛教成熟時期的本體論氛圍，最明顯的一種積極信念，便是肯定了我們每個人真妄夾雜的生命現象當中，其實都有一「真常」本體的存在，哪怕是極惡的闡提眾生，也不會失卻這種「從本以來」的成佛種性。而這個「真常」之如來藏，一方面可以稱之爲是普遍真實內具於一切眾生身上的「法身」（dharma-kaya）或「佛性」（buddha-gotra）；另一方面，它同時也是奠基在絕對平等的「真如」（tathata）意義上。因此，透過印順對如來藏的界定，再兜回到賢首的見解，所謂「從本以來，性自滿足，處染不垢，修治不淨」者，其實便是肯定每一個人，在生命履歷上面，都原本具足了一個發展全人的乾淨身家。這一乾淨的生命履歷，是每一個人都本來具足的生命基本盤，即使身處於煩惱輪迴之中，也依然不泯滅其本體的絕對清淨〔註12〕。

　　就全人的理念上來看，賢首的如來藏見解，其深層涵義所指涉的，應當就是代表一種內面生命的重新喚醒作用。特別是現代人，每天庸庸碌碌於工作事業家庭，在輸人不輸陣的競逐意識下，努力追求各種以業務績效或功利判準打造出來的成功標的。但是平心細想，這些被社會流行價值所包裝的所謂「成功」，其實一語戳破，竟然往往不過僅是一堆表象式的短暫頭銜。所以，一個團隊當中，根本沒有絕對的績效第一；即使在台灣，也不可能有永遠的首富。正是因爲現代人，容易盲目於追求表象式的社會成就，過度將自己綑綁於外在功利的衡量判準；相形之下，對於自己原有的生命本質，以及對於自己成爲一個人的原始起點，即賢首「從本以來」所指稱的真正屬於生命根本之主體性，反而是被我們荒置汨沒於隱而不彰的無明狀態底下。〈華嚴經問

〔註11〕本文所謂先驗，是認爲賢首所主張的「處染不垢，修治不淨」觀點，已與德國哲學家康德（Kant）所指出的跨越經驗層面之先驗（A Prioi）指涉，十分接近。當然，康德的先驗，意在於對比於經驗，表達一種先於經驗而存在的廣泛通稱，此與賢首之強調本體層面的如來藏立場，根本思想的重心都有所不同，本文此處，純粹只是爲說理之便，借用康德「先驗」的用語。

〔註12〕上述關於「如來藏」的概略說明，主要參考整理自印順法師《印度佛教思想史》第五章「後期大乘佛法」第二節『如來藏我思想的特色』（P145～150），以及第八章「如來藏與眞常唯心論」（P186～194）。

答〉卷下，賢首曾有「今吾身全體如來藏佛等是也。今吾即緣吾性佛。以即是而不知，故悲怪發」〔註13〕的感慨，便是直陳人對於屬於自己生命本質的根本主體性，通常容易只停留在「即是而不知」的懵懂地步，很少有人能夠對於內面生命的如來藏本體，以經營生命基本盤的認真態度，重新正視並發展其應有的本具職能。

從形上學的角度來看，賢首所謂的「即是而不知」，很類似德國哲學家海德格所講的「晦蔽狀態」（verborgenheit）。海德格也認為我們表面上看似理所當然的日常狀態，根本上都深處於晦蔽懵懂的狀態中。以一個普通人的立場觀之，對於存有真理之「本真狀態」（eigentlichkeit）〔註14〕，根本無力去感應觸摸〔註15〕。在海氏的形上學預設中，他相信這種「本真狀態」，是一種究竟終極的「無遮無蔽」（unverborgnheit）的生命本質。只是在普羅大眾身上，它的存在，就像賢首的「即是而不知」一樣，並不容易被我們所感知領略〔註16〕。

但是，進一步深入對照觀之，賢首面對隱藏蟄居於我們生命底層的如來藏，並不認為那僅是一樁如海德格思想般的形上學假設。賢首顯然抱有高度的信念，相信只要能找對了路徑，就能重新喚醒如來藏本具的職能，也能正面的提升我們生命各種層面之真理意義。他強調「一切法，但一如來藏真識作故」〔註17〕，又說「既舉體如來藏作故。以其如來藏熏習故，方離苦得樂」〔註18〕。賢首所意許的如來藏「真識」，其實就是一種強調個體自我內在生命價值的深層自覺；而他主張的如來藏「熏習」，則可視為是一種回歸生面基本

---

〔註13〕見賢首《華嚴經問答》卷下，中華大藏經九十冊，P610。

〔註14〕底下關於「本真狀態」的說明，參考自《存在與時間》導論第二章第七節「探索工作的現象學方法」P44，以及第二篇第二章第五十四節「一種本真的生存狀態上的可能性的見證問題」P331～335。

〔註15〕海德格於 1969 年出版之《路標》（Wegmarken）一書中，就曾在「論真理的本質」一節（該書 P145），十分肯定地道出了存在的「遮蔽」不能通達於真理的見解，其云：「存有者整體的遮蔽狀態，即是根本性的『非真理』。」然而，這個看法在賢首的說詞中，『非真理』的存在，其實並不盡然只是一面倒的「遮蔽狀態」，在賢首深心之嚮往中，所謂「如來藏」義理的實踐重心，正是在存有的「遮蔽」中，透過個體自我的覺察自省，實證出海德格所追慕之「無蔽」的本真狀態。

〔註16〕在海氏的終極形上推論當中，「本真狀態」的呈顯，必須要在去除掉存在者個人的「遮蔽」（verdecktheit）、以及揭開存在真理的「封閉」（verschlossenheit）之後，才能被體會。

〔註17〕見賢首《華嚴經問答》卷下，中華大藏經九十冊，P609。

〔註18〕見賢首《華嚴經問答》卷下，中華大藏經九十冊，P611。

面的自我實現〔註 19〕。賢首認爲，從內造化生命底層的如來藏之自我覺察與自我實現〔註 20〕，它一方面既可以凸顯如來藏的主體性，成爲我們重新界定外在現象「一切法」的環中道樞；而且，另一方向則是能幫助我們的「離苦得樂」，尤其是從生命意義漫無方向的茫然困阨中，幫助我們再度掌握到人的根本主體性。賢首堅信「心通則法通」、「既覺既悟。何滯何通」〔註 21〕的道理，只要準確掌握到生命基本面，從心性主體的如來藏之自我覺察實現當中，我們隨時可以重新再出發，透過自我更新的眞識眞知，盤整出一套人與外在世界的新策略與新思維。

　　所以，順著賢首的立場來看，從如來藏的生命基本面出發，便可以掌握到人與外在世界重新結合，全人理念的新起點。而此一全人理念的新起點，其實也是一種本體論色彩濃厚的雲端中樞，通過這個雲端中樞，圓融轉動出來的「隨緣」與「妙用」，則是實現人與外在世界彼此不相違背、乃至相互成全的行動法則。

### （二）全人理念的行動法則──依「隨緣」、「妙用」，圓融轉動人與外在世界

　　賢首如來藏本體的「隨緣」與「妙用」，基本的運作法則與活動屬性，來自於「如來藏」此一本體觀念之發展形成脈絡裡面，本身就精妙結合了「本體」與「現象」相互融會的特質。

　　在印度佛教的發展歷史當中，傳統佛教論理學派如中觀、瑜伽各派，多半會從般若性空以及雜染熏習的角度，認爲「如來藏」的原始見解，是屬於不究竟的不了義說。但印順法師於《如來藏之研究》則認爲：「如來藏」觀點之在中國大乘佛教底下，尤其是在賢首所身處的中國唐代，之所以會大放異

---

〔註 19〕　所謂深層自覺或自我實現，其實也可以說它是一種人類心智與心靈的主動創化。王明珠於《身心靈整合的全人生命》一書中，即有「心智可創造生命實相，應自我檢視與反省核心信念」以及「心靈是生命的本體，應信任心靈所設計的生命藍圖」的論點（見王明珠《身心靈整合的全人生命》序文）。本文此處引伸賢首如來藏之本體理念爲「深層自覺」與「自我實現」，乃是參考王明珠對於「全人」的詮釋，再通過賢首之本體思維，重新加以整合。

〔註 20〕　此處之「內造化生命」，是指個體生命的內在自我完成與自我發展而言。主要借用自陳德光《生命教育與全人教育》第四章「個體生命──生命的過程」第二節『個體生命的內在生發』的用語。賢首之「內造化生命」，指的是如來藏本體的活動；但陳德光的「內在生發」，則是從生命價值切入。

〔註 21〕　二語見賢首《華嚴經問答》卷下，中華大藏經九十冊，P609。

彩的原因，可能也正是因爲結合了雜染熏習之「生滅」與生命根本面之「眞常」的兩種差異見解所致〔註22〕。例如隋唐時期的馬鳴《大乘起信論》（眞諦譯），就主張「一心法有二門」，所謂「心眞如」與「心生滅」〔註23〕。馬鳴所指謂的「一心」，即直指眾生本有的「如來藏」心，它一方面涵攝了清淨自性的「眞如」本體特質，另一方面則在具象的萬法序列當中，夾雜染污有漏的「生滅」特質。換言之，馬鳴「一心二門」的解讀模式，係將如來藏的活動屬性，約化爲純粹本體層面的「心眞如」以及偏向現象意義的「心生滅」（界）二個法門。這種看法，對於賢首的本體思想，影響十分直接。

實際上，賢首所解讀的本體義理，其心性主張的軸心，也正是將如來藏「一心法有二門」的活動屬性，運轉成爲一種巧妙結合了本體與現象的如來藏信念。例如《修華嚴奧旨妄盡還源觀》中，賢首一方面承認「眾生形相各不同，行業音聲亦無量」〔註24〕的現象存在，一方面則開放了一種華嚴式的圓融相即之寬廣胸襟，將現象萬法「心生滅」的務實立場（即『行業音聲亦無量』所指謂），一起包攝在「眞如一相。佛體無二」〔註25〕的如來藏見解之中。也就是說，馬鳴《大乘起信論》的「一心二門」見解，在賢首所主張的心性看法底下，是能夠通過圓融的轉銜機制，形成一種彼此不違背、乃至相互成全的新關係。

例如在《修華嚴奧旨妄盡還源觀》中，賢首便用了「隨緣」、「妙用」的雙向性說詞，表達了如來藏在眞諦的本體實相、以及俗諦的世間現象當中，得以圓融轉化的行動法則：

> 本體同如，即是眞也。緣生幻有，即是俗也。眞不違俗故隨緣，俗不違眞故妙用。又依本起末故隨緣，攝末歸本故妙用。譬如大摩尼寶。體性明淨，久被塵累。而有麤穢之垢。若人唯念寶性，不以種種磨治，終不得淨。眞如之法，體性空淨〔註26〕。

---

〔註22〕 見印順法師《如來藏之研究》第七章「瑜伽學派之如來藏說」第一節『瑜伽學派略說』，P185～190。

〔註23〕 馬鳴《大乘起信論》語，見《大正新修大藏經》第十六冊，P114。

〔註24〕 賢首語，出自《修華嚴奧旨妄盡還源觀》，見中華大藏經第九十冊，P636。

〔註25〕 此爲賢首《華嚴經義海百門》語，它是主張本體層面的外在顯現，雖然不能離開以「緣」爲主軸的現象萬法；但是，在本體論的意義上而言，眞常的不變特質，仍然是賢首所強調的本體觀點。賢首語，見中華大藏經第九十冊，P632。

〔註26〕 見《修華嚴奧旨妄盡還源觀》，中華大藏經第九十冊，P637。

就賢首的語意來看,「本體同如,即是眞也」是描寫如來藏的本體實相,當然屬於眞諦;而「緣生幻有,即是俗也」象徵如來藏所對應的世間特質,則是屬於俗諦。如此看似兩相違背對蹠或彼此渾不相干的關係,賢首卻強調:無論從「體性明淨」本體「眞不違俗」的隨緣作用,或是順著「依本起末」、融入現象的方式,如來藏本來就可以精巧地融入所有「緣生幻有」的俗諦現象中,而不必被世俗的「麤穢之垢」所牽纏。

　　這種「依本起末」的理念,代表賢首所認知的如來藏本體,內涵上即有其外延性的因應特質,同時它也是如來藏本體的一種「隨緣」之活動面相。只是,單純以本體隨緣立場來解讀,其實說理上,還是有隨波逐流的憂慮在。畢竟要從「依本起末」遞升到「眞不違俗」的融洽境地,似乎也僅能應驗在極少數如賢首一般腦神警覺的修行者身上而已,幾乎絕大部分的塵井凡夫,在「久被塵累」的存在遮蔽下,一旦隨緣,便往往去而不返,極難再恢復如來藏「體性明淨」的本來面貌。所以,在說理上面,賢首便設法通過「攝末歸本」的回溯特質,以「妙用」之名,補強了如來藏外延功能的可能漏洞。賢首所謂的「攝末歸本」,其實已經頗類似於前述海德格從遮蔽的存在處境,返求「無遮無蔽」本眞狀態的推理模式。只是,從海德格的思維向度來看,他也不過是把類如賢首「攝末歸本」的妙用,化約爲存在形上學的抽象推論而已;但這在於賢首的如來藏本體論中,則並非僅是形上學的觀解理念而已,他認爲如來藏的本體活動,一方面要具備「依本起末」、融入於現象的外延功能,另一方面也需要配合回溯歸本的實修實證,才能將本眞的「體性明淨」,確實兌現爲眞正的如來藏本色。

　　而如此之外延與回溯的雙向搭配迴路,恰好形構爲賢首圓融轉動人與外在世界的隨緣妙用。當我們將之延伸轉化在全人理念中,則是代表一種將人與世界的相對關聯,藉由自我實現的主體形態活動,順著「以人爲主體」的全人理念〔註27〕,把圓融美滿的人生價值,透過外延與回溯的雙向交流,具體放送出來。在〈華嚴經問答〉卷下,賢首曾有「日輪」之譬喻:

　　　　眞性猶如日輪照現,遍處虛空。有目之流,無不睹見。生盲之輩,

---

〔註27〕此處「以人爲主體」,係借用曾慶豹《全人教育面面觀》一書的講法,這種講法,主要將全人教育,鋪陳爲一種以人爲主體的教育,無論從西洋神學或多元社會信仰乃至通過現代教育思潮與教學原理的具體展現;大抵皆是強調全人教育對於人與外在世界相互整合的重要性。全書概括觀之,其關鍵軸心,主要還是聚焦於「以人爲主體」的意義上。

亦蒙潤益。令知時節寒熱之期。草木無情，悉皆滋長〔註28〕。

此處所謂「眞性」，用賢首的語言解讀，即是對於如來藏本體的正向肯定。然而，單方面的肯定「眞性」如同太陽日輪，實不足以形構成爲人與外在世界的相互依存乃至共同潤益滋長的圓融美滿境地。之所以能夠將人與外在世界，綰結爲圓滿的人生價值，自我實現的如來藏主體，特別是以「眞不違俗故隨緣，俗不違眞故妙用」的隨緣妙用模式，才是實際運作此一圓滿人生的眞正關鍵。

## （三）積極利他的全人價值——淑世利他的「生佛互在」建立群我關係

不過，若只靠如來藏的隨緣妙用，對於建構積極群我互動的全人理念言，實際上仍有不足。因爲不論是謹守如來藏本體之生命基本盤，或者透過人與外在世界的相互圓滿，無論如何，實際還是只能權視爲「小我」的存在個體、一種努力回歸「本眞狀態」的運作模式罷了。如果與如來藏思想背後所承載的大乘佛學胸襟相對照，這種側重在「小我」自我實現的模式，可能還是無法在「大我」淑世利他的積極價值上，演化出有力而實際的行動效應。

都這也正是爲什麼《華嚴經》〈入法界品〉中〔註29〕，會將如來藏本體的意義闡述，終極地導向「無礙大悲」的緣故。〈入法界品〉末尾的五言偈當中，有「如來藏自性」表現爲「隨意而示現，普於一切趣，度脫諸群生」〔註30〕，以及「無礙清淨慧，無量大悲心，度脫眾生海」〔註31〕的說法。仔細尋繹這些文字便知，華嚴本經凸顯出來的主題，除了本體層面的如來藏之外，還有對於個體與群體之間的一種獨到眼界。值得注意的是：華嚴〈入法界品〉發展個體與群體的關係，甚至並非僅有膚面地停格在「度脫諸群生」或「無量大悲心」的字面意義上而已，而是深層地進一步主張，應當將宗教意義的慈悲心，拉昇到「無礙」的層次上面。何以故？因爲〈入法界品〉所強調的如來藏本體，本來就是一個已經跳脫眞妄夾雜、完全純淨位格意義的「無礙清淨慧」。如來藏本體清淨的生命本質，既然是沒有窒礙的，那麼這個本體輻射出來的大悲心，當然也是一種「無礙」大悲心了。所以，在「無礙清淨慧」

---

〔註28〕以上《華嚴經問答》卷下引文，見中華大藏經九十冊，P613。
〔註29〕本文此處之《華嚴經》，係指佛陀跋陀羅之六十卷《大方廣佛華嚴經》譯本。
〔註30〕〈入法界品〉語，見中華大藏經第七冊，P557。
〔註31〕〈入法界品〉語，見中華大藏經第七冊，P559。

的情況下，又能綿延不絕地發出「無量大悲心」，這並非意指我們的如來藏本體有了雙重的規準，而是大悲心原本就發自清淨無礙的如來藏本體，所謂「隨意而示現」者，如來藏本來就已圓融涵攝了這一無礙的大悲心。

這種「無礙大悲」的觀念，一方面是前述賢首本體思想終極處，必定會轉入的大乘神髓，同時亦是融貫人與外在世界、以及提升個體與群體為一的根本接點。賢首在《華嚴經問答》裡，便將華嚴的「無礙大悲」，進一步轉化為「同修、同成、同苦、同樂」的「同體大悲」，賢首說道：

> 佛見眾生全吾身是，故永劫起同體大悲，不捨眾生。故同修、同成、同苦、同樂，無捨離時〔註32〕。

以佛的眼光看眾生，每一個眾生都是可能的佛；因為正如前言，佛與眾生，在生命基本盤上，根本無有任何差別（而佛不過是一個已覺悟的眾生罷了）。所以，「佛見眾生全吾身是」並非是無意義的推論，在賢首的如來藏思維當中，這種佛與眾生「無捨離時」融為一體的認知，本身就是將「無礙大悲」的觀念，闡釋成為一種最終極徹底的同理心，它是能夠融貫人與外在世界、以及提升個體與群體為一的重要全人理念。賢首認為已覺悟之佛，所以會「永劫起同體大悲」，也是在「小我」存在與「大我」群體的對應模式中，小我已經究竟徹底的與其所對應的外在世間，完成了渾無罅縫的融合。而且，藉由「全吾身是」的同體悲心為驅使，賢首不但在信念上認為眾生與佛具有生命基本面上的一體，甚且還在「同修」、「同成」、「同苦」、「同樂」的同步關係上，形成了生命相互擁有、共同分潤存在感受的特殊連繫。這一「佛見眾生，全吾身是」主張，即是賢首本體思維中，非常獨樹一幟的「生佛互在」理念。在賢首「生佛互在」說之中，如來藏本體的行動效應，已經不單單是小我的隨緣妙用而已。在「回小向大」（導引『小我』同體於『大我』）的活動模式下，如來藏本體可謂充分豁顯了一種入世態度的積極性、同時亦將大乘佛學淑世利他的大悲情懷，一併透過如來藏本體呈現出來。賢首晚年曾寫《華嚴策林》短文，其中有「見諸佛於眾生身，觀眾生於佛體」〔註33〕的見解，便是此一「生佛互在」說的具體表達。其實將之投射在全人理念中，此一信念的正面意義，正即是一種鼓勵追求個體與群體關係的無縫接軌，以及形構一個和諧共存的群我關係。鎌田茂雄於〈中國的華嚴思想〉文，就說：

---

〔註32〕賢首《華嚴經問答》語，見中華大藏經九十冊，P601。
〔註33〕賢首《華嚴策林》語，見中華大藏經第九十冊，P597。

> 自他個物圓融，從實踐上來説，也是成立於大悲的世界。如來藏的
>
> 大用，就是大悲的大用〔註34〕。

這一「如來藏的大用，就是大悲的大用」，巧妙豁顯了〈入法界品〉的「無礙大悲」觀念，同時也抓住了賢首如來藏「生佛互在」的運作神髓，是一個相應的體會。同時，對於積極層面的全人理念，特別是導引走向淑世利他的群我關係而言，更是格外需要此一「自他個物圓融」的如來藏大用。

賢首於《華嚴遊心法界記》中，又云：

> 恆隨有以攝生，即大悲也；以不滯有之大悲，故常處空而證滅，即
>
> 大智也〔註35〕。

對於賢首而言，所謂大悲和大智，都不是一種不相干的對蹠關係。他認為慈悲、智慧兩端，根本不是孤起的意義；特別是在如來藏「生佛互在」的深層透視下，「悲」與「智」往往會涉及彼此意義的肯認。也就是說：在淑世利他的「生佛互在」網絡中，同體大悲同時也可以連結上了生脱死的大智慧，形成了一種「悲智相導」的新關係。同樣的道理，透過利他的全人價值，經營群我關係的「大我」，只要達到「自他個物圓融」的如來藏大用之際，同時也就是代表自我實現的「小我」，已然成功達陣了。

## 三、賢首本體思想的通識智慧

希臘三哲之一的柏拉圖（Plato），曾用有名的洞穴寓言方式，說明人的存在處境，有自陷於蒙蔽誤認的可能，會影響到人對於真相的認知。如果以真妄夾雜的如來藏觀之，清淨的本體與染污世間的混淆，往往也是任何一個修行征途中的行者，最為兢兢業業、謹慎以對的重大生命課題。所以，賢首雖然肯定如來藏的正向本體能量，卻也說「不以種種磨治，終不得淨」，從來不曾在真實的「磨治」工夫上，心存絲毫馬虎鬆懈。而且，為了永續如來藏的信念，以及抗制身心境況拐進自利自了的小乘窠臼，他對於生佛互在、悲智相導的圓融觀點，也格外加重闡釋。這是象徵著一種讓自己生命情境回小向大的無私胸襟，恐怕那也是海德格形上學無從想像的一種存在境界。雖然賢首的思想視野，未必真能跳出柏拉圖洞穴寓言的存在局限，但至少已經跨越一般塵井凡夫的心量格局；他也懂得透過生命能量的利他效應，立刻取得了一個別異於「小我」的「大我」定位。這樣的新定位，不僅是現代人很需要

---

〔註34〕以上引文，見玉城康四郎主編之《佛教思想（二）：在中國之開展》，P191。

〔註35〕文見於賢首《華嚴遊心法界記》，中華大藏經第九十冊，P644。

重新學習的生命榜樣，在目前的大學通識教育中，特別是就通識教育的教育本質乃至教育目標而言，也都涵藏著相當正面的啓發與智慧。

## （一）就通識教育本質言，啟發回歸主體性的智慧

賢首在《華嚴經問答》中，曾格外關心緣起現象界中的行爲實踐問題，認爲那也是連動於如來藏本體的環中道樞，例如他有所謂「即其緣修，是離相順體」〔註36〕的見解、以及「達體隨緣，不起恆起。如是見者，名實知見也」〔註37〕的看法。整個思考活動的焦點，便無不在極力強調所有的外在現象的經驗事實（即『緣修』），都必須力求能夠回歸到生命基本面，與如來藏本體密切結合。

而所謂「達體隨緣」者，換另一種說法來解讀，就是直接將存有者的經驗事實，完全與本體活動連結在一起的一種積極心態。賢首這種緊扣本體自主性的「緣修」理念，在海德格推論之存在思想中，也可發現如出一轍的構想。海德格自己也明銳地觀察到存在者的存在，都被包裹於眞妄夾雜的「緣構」（Ereignis）現象底下〔註38〕。而他所指謂的「緣構」（Ereignis），既包含有本體層面的「本眞」、也融滲了現象經驗層面的「晦蔽」；所以，存有者能不能有一個積極的心態，設法建構各種眞正屬於自主性的價值提升，便相形重要。

賢首這種「達體隨緣」的如來藏思想，它的特點與重要意義，就是在生命基本面上，強勢凸顯了人應當要保有一種自我反省與自我覺察的自主性價值。實際上，賢首的如來藏理念，放在今天的大學通識教學領域觀之，可能也會是現前通識教育很迫切需要的一種智慧。

作家南方朔於2009年〈替別人的生命種下幸福〉一文中，便已憂心認爲，偏約取向地重視外在功利價值的「單向道」模式，是導致當時台灣年輕人有「許多令人不安的表現」的根本病灶，他說：

> 賺更多錢，有更大權，出更大名，有更多享受……這種生命模式的單
> 向道，與當下台灣年輕人許多令人不安的表現，正是一體兩面〔註39〕。

---

〔註36〕賢首《華嚴經問答》語，見中華大藏經九十冊，P609。
〔註37〕賢首《華嚴經義海百門》語，見中華大藏經九十冊，P627。
〔註38〕「緣構」（Ereignis）是海德格爲了解釋存在現象而創造出來的術語，他認爲任何存在者的存在都不是現成的，而只能在一種相互牽引、來回交盪的緣構狀態中，被發生出來。本文此處之敘述，主要是參考了張祥龍《海德格——二十世紀最原創的思想家》第十五章「緣構發生與語言」的解釋，P266～267。
〔註39〕〈替別人的生命種下幸福〉引文，天下雜誌435期，2009/11/18，P26。

其實五年前南方朔所謂「生命模式的單向道」，驗諸於現在的通識教育而言，仍是一個重大警訊。如本文前所提及的，無論賢首「體性明淨，久被塵累」所擔憂的處境，或海德格所描摹的渾噩遮蔽，都是起因於我們對於人性中應有的自我主體，已經失去了最關鍵的覺察與反省的能力。過去我們大學校園的通識教育，雖多有博雅通才的教學方向，卻大部分仍是扮演配角的非主流角色。而且近幾年來，大學通識課程逐漸被邊緣化的情況，十分嚴重。為力圖生存，很多學校的通識課程設計，常必須搭配專業系科的實務考量。於是，通識課程或者結合了社會功利價值，有的甚至直接競逐於當紅的明星產業，甚至為特定的產學合作而量身訂做。這些做法，或多或少地，已經將通識教育原本應有的博雅通才的主體位格，相形弱化。而通識教育關鍵的品格涵養當中，原先應當讓學生學習擁有的、可以自我覺察與自我反省的主體能力，也慢慢被攀緣外在量化規準的功利思維，逐漸侵蝕取代。尤其令人憂慮的是，某些功利導向的思維，背後往往只是一種極度淺碟型的流行價值，它常會讓人犧牲人性中應有的自我主體。一旦過度惰化了我們本有的良知良能，漫無主見地趨應於隨波逐流的流行價值，人在緣起現象界中的存在，恐怕只會如賢首所陳述的一樣，完全牽纏絞繞於世俗的「矗穢之垢」中；最終極可能還導致本質性的品格與道德基礎，全淪於徹徹底底的晦蔽危境，成為萬劫無復。

因此，如果我們願意虛心演繹賢首如來藏思想的現代通識智慧，那麼，首先通識教育似應趕緊力圖振作，至少便應當責無旁貸地扛起重新喚醒人的主體性之重責大任，並積極在通識教學當中，重啟安身立命的生命建造工程；而這些，都原本只是通識教育應有的教育本質而已。黃俊傑於〈邁向二十一世紀大學通識教育新境界〉中，即曾批判近年來大學院校開設的通識課程，頗有日趨休閒逸樂化之傾向，而且，通識教育的根本，往往被教育主管或教師忽略，他說：

> 部分學校行政主管或教師，誤將「通識教育」認為是休閒性逸樂性的活動，完全忽略「通識教育」的「教育」之本質乃在於啟迪學生心智，開發學生思考能力，進而建構學生的主體性〔註40〕。

黃所指「主體性」，是指受教育者「主體人格的建立」與「道德福祉的提昇」，

---

〔註40〕見黃俊傑《全球化時代大學通識教育的新挑戰》第四章〈邁向二十一世紀大學通識教育新境界〉，P72。

他認為屬於「人」的本質性的地位，往往被現代大學通識教育所忽略〔註41〕。這一看法，確是一針見血的針砭之言。而此處相對於通識教育本質的重新覺醒而言，賢首的如來藏智慧，應當很具有增上的參考價值。筆者相信：只要身處通識教育第一線的教師們，或真實希望通識教育重新喚起教育本質的熱心人士，願意一起匯聚改變的共識，特別是針對重新找回通識教育中，屬於「人」之生命主體的教學方向，在現行課程運作設計時，願意盡力在主體意識覺醒的教育構面上，給予加重之積極挹注。當群策群力的能量愈形壯大，那麼，通識教學之復歸於正，便大可期待。

### （二）就通識教育目標言，啟發主客和諧的互在思維

賢首如來藏本體，凸顯了我們內面生命當中自有一個「無遮無蔽」、清明在躬的靈性，能深刻洞察虛妄的存有，跨越人我紛爭的樊籬。一般而言，主客關係中的對立爭執，多是來自被遮蔽或頑梗的成見，類如海德格形上學推論的緣構（Ereignis）與「煩」（Sorge），透過時間因素，不斷累積堆砌出來之繁雜多樣的存在現象〔註42〕一般。就賢首的本體思想來解讀，「生佛互在」或「悲智相導」的理念起點，就是在主客之間不願妥協的意識型態或立場，開闢一種自我實現的宏觀理想，將自我與客體世界的共存共榮，當成是生活的新方向。前引賢首《華嚴經問答》語，有「佛見眾生全吾身是」以及「同修、同成、同苦、同樂，無捨離時」的看法，賢首便是認為佛與眾生，在主體性上面根本無二無別（而佛不過是一個已覺悟的眾生罷了）。所以，「佛見眾生全吾身是」之說，並非是肆意虛構的推論，在賢首的如來藏思維當中，這種

---

〔註41〕見黃俊傑《全球化時代大學通識教育的新挑戰》第八章〈社區大學教育與通識教育的融合〉，P140。

〔註42〕在印度初期部派佛教時代中，最著名的《那先比丘經》裡面，曾記載著一種當時解讀存在的看法：「一者去，一者來。人從精神生，至老死後，精神更趣所向生，展轉相續。是非故精神、亦不離故精神。」這個說法，是認為人的身體與精神，從生至死的「一者去，一者來」，無時無刻都在變化，在這個變化不斷的存在現象中，尤其是在「時間」之流當中，舉目所及的所有存在事物或是人，只要它完全具備了不間斷的時間連續性，便可以說它是同一個存在物或是同一個人。而所謂「精神更趣所向生，展轉相續」，這個意思便是道出一種界定存在的立場，它認為人的存在，之所以能夠成立，正是因為有一個不斷地相續攀緣及多樣變化的主體。因此，有沒有一個抽象的形上主體，似乎並不重要；也毋須多費唇舌，去預設理念上的各種永恆的存在了。《那先比丘經》的看法，單獨僅就人在「時間」之流當中的各種變化不斷的存在境況觀之，其實已經非常接近海德格透過「煩」所解讀的存在認知。

客體世間的「眾生」與自主覺醒的「佛」,「無捨離時」融爲一體的認知,本身就是象徵一種由人的主體性所發動的主客圓融之行動模式。

而此一主客圓融之行動模式,在「生佛互在」網絡中,又可以即時連結上同體大悲與了生脫死的智慧,形成了一種「悲智相導」的新關係。

「悲智相導」中的「悲」,是一種擴充小我之愛,成爲能夠同體同理於一切有情眾生的大愛。而「悲智相導」中的「智」,則象徵一種主體自我超越的精神價值。在「智」的觀照中,人得以泯除各種畫地自限的成見,用平等無界限的心靈活動,重新感受一切萬象的本眞狀態。在賢首的如來藏信念中,通過「悲智相導」的平等觀與同理價值,也可以形成一個融鑄凡聖、乃至超越凡聖的互在境界。其實,賢首「生佛互在」的思路邏輯,演化的型態原本就是相當多樣性的,其強調平等同理的超越智慧,就現代人的意義價值而言,不單單是可以表現爲一種跨域族群彼此主客融合的意義;它透過如來藏眞妄夾雜的基本辨證原則,正好在於形構一個從心靈層面中不斷正反相合的激化模組。這一賢首式的互在辨證,永遠可以有它不同之演化舞台或場景,主要乃是端賴於心靈主體的活性,賢首相信如來藏主體既能與已知的場域結合在一起,也無礙於與任何無窮無盡未知的場域相遭遇。

而且,賢首認爲已經自我覺醒之佛,必定會持續興發「同體大悲」的念力,這又是得以形成主客圓融的如來藏義理核心。值得我們重視的是,如果要透過主客圓融的如來藏,延伸其在通識教育中的智慧,首先便是豁顯了一種通識教育「利他」的道德涵義,亦即謂:通識教育除了應當在教育本質中,除了確立人之自我覺醒的主體定位之外,還必須有一種鼓勵人積極關懷社會、包容他人的寬廣心量。而「同修」、「同成」、「同苦」、「同樂」等語,透過佛與所有眾生、相互擁有的「生佛互在」關係,進一步延伸在通識教育當中,它甚至應該是代表著一種通識教育目標的最高綱領,也就是:在通識教育的學習進程當中,通過主體性的自我覺醒,最終所追求的通識教育成效,應當是幫助受教者,學習一種在主體與外在客體的互動關係之中,達成相互融入或共存共榮的和諧境地。

黃俊傑《大學通識教育的理念與實踐》也認爲,所謂通識教育的定義,實際上就是一種「建立人的主體性並與客體情境建立互爲主體性關係的教育」〔註43〕。如果搭接在賢首「見諸佛於眾生身,觀眾生於佛體」的行動模式觀

---

〔註43〕以上黃俊傑看法,整理自《大學通識教育的理念與實踐》P32～39。

之，那麼，賢首如來藏思想對於通識教育之目標，應可以被理解演繹爲一種追求主客和諧互在的新思維。日人鎌田茂雄在〈中國的華嚴哲學〉文中，曾說：

> 佛性不是離開眾生而存在的，它要與眾生有關才能形成歷史、展開實踐。……在眾生中，找出佛的恩命，也可叫做佛的呼聲。在與眾生的相會上，在與眾生互相關聯上，在與眾生的媒介上，佛才開始能成爲佛〔註44〕。

這段話，主題是泛觀華嚴哲學的本體論，把人的主體性與外在客體的互動關聯，一語道破，其實這也是賢首所謂「同修」、「同成」、「同苦」、「同樂」乃至「生佛互在」思想所指。尤其整個對應於現代通識教育的目標而言，毫無疑問地，賢首如來藏思想的主客圓融觀點，的確是從一個宏觀的本體論角度，啓發了我們一種從人性正向境界所開拓出來的圓滿思維。

## 結論

　　總結上述，無論是全人理念或通識智慧，賢首本體的如來藏見解，都凸顯了以內在自主自明的主體性爲核心的關鍵性意義。當然，就大專通識課程而言，從理念之「體」到正式課堂上之「用」，其間屬於實務經驗上面複雜的轉換與整合，恐怕又是另一番浩大工程〔註45〕。但無論如何，本文進行的前提，就是嘗試通過理念之「體」，延伸賢首思想對於現代通識教育的啓示。正如前述賢首「攝末歸本」所說的，具體落實在教學現場當中的通識課程，背後仍必須要有一套雲端的運轉中樞，作爲取決收放的根本依歸。這一根本依歸，通過賢首所啓迪的所謂通識教育本質的理念，如本文推論，就是建立在自我反省與自我覺察的主體性價值之上。也就是說，通識教育背後的運轉中樞，應當是一個以人的主體性爲根本依歸的軸心；如此經營下來，博雅通才的通識教育本質，方不致迷走於教改浪潮後的高教環境巨變，以及淪溺於瞬息萬變之流行價值中，而自亂陣腳。黃俊傑認爲通識教育應在基本的「建立人的主體性」意義上，發揮其職能，恰好可作爲賢首此一延伸理念的最佳註腳。

---

〔註44〕以上引文，見玉城康四郎主編之《佛教思想（二）：在中國的開展》，P187。
〔註45〕目前坊間類似「實務經驗」的傳承，正在逐漸累積。例如2012年高雄麗文書局出版的《把理念帶進教室：通識教師實務錦囊》書中，就收錄了目前國內各大專通識教師，以具體教學現場爲基礎的實務經驗，相當值得參考。

其次，就賢首「見諸佛於眾生身，觀眾生於佛體」的行動模式觀之，他強調人與世界必須重新產生一個共生共榮的緊切連繫。在通識的全人教育理念裡面，如本文所推論的，乃象徵著一種追求健全均衡發展的教育信念。特別是因應於目前台灣高教體系走向專業化的傾向、以及民主社會的歧異多樣，我們的確很需要從通識教育的課程精神底層，重新檢視強化，以形塑人格健全、身心均衡之全人教育共識〔註46〕。而如此之全人共識，其實也恰如賢首通過「生佛互在」的思路邏輯以及「悲智相導」的同理價值，演化出人與外在世界超越對立、主客融合的互在境界一樣，賢首思想所凸顯的眼界胸襟，就現代全人教育的立場而言，就是演繹為一種跨域整合的永續性智慧。

當然，此一跨域整合的智慧，兜合著賢首本體精神來推伸，必須再接上自我覺醒的主體定位，才稱完整。所以，假使將賢首思想投射在現代全人通識場域當中，毫無疑問地，也應當是一個強調「人的自覺」以及跨域整合的全面性思維。而這樣的全面性思維，對於全人通識教育的永續發展而言，就是一個積極的不敗王道。

## 參考文獻（依出版時間）：

1. 佛陀跋陀羅（1972），《大方廣佛華嚴經》六十卷譯本，中華大藏經第七冊。台北市：中華藏經局。

2. 鳩摩羅什（1972），《金剛般若波羅密多經》譯本，中華大藏經第十四冊。台北市：中華藏經局。

3. 賢首（1972），《華嚴經問答》，中華大藏經第九十冊。台北市：中華藏經局。

4. 賢首（1972），《修華嚴奧旨妄盡還源觀》，中華大藏經第九十冊。台北市：中華藏經局。

---

〔註46〕美國的大學教育體系在一九四○年前後，也曾經為了維繫民主社會的統一性，以及幫助學生適應社會的多樣性，針對自然科學、社會科學與人文學科等三大知識領域，規劃一套通識教育課程，希望可以建立有共識的文化，並發展個人天賦，培養品格優良的人民。基本上，目前在國內大專院校的通識教育發展中，已遠比最初美國通識教育的規模，更完整而成熟。特別是國內將全人教育的理念，內化於通識教育課程設計中，已經讓通識教育成為形塑人格健全、身心均衡的重要主力。此處關於美國通識教育的敘述，參考自哈佛大學通識教育委員會編撰的《自由社會的通識教育》一書。

5. 賢首（1972），《華嚴遊心法界記》，中華大藏經第九十冊。台北市：中華藏經局。

6. 賢首（1972），《華嚴經義海百門》，中華大藏經第九十冊。台北市：中華藏經局。

7. 賢首（1972），《華嚴策林》，中華大藏經第九十冊。台北市：中華藏經局。

8. 楊仁山（1982），《諸宗經典輯要》，高雄市：旗津佛教居士林印經會。

9. 般若（1986），《大乘本生心地觀經》，大正新修大藏經藏第十五冊。台北市：新文豐出版社。

10. 馬鳴（1986），《大乘起信論》，大正新修大藏經第十六冊。台北市：新文豐出版社。

11. 天親（1986），《佛性論》，大正新修大藏經第十六冊。台北市：新文豐出版社。

12. 玉城康四郎編（1993），《佛教思想（二）：在中國之開展》。台北市：大乘文化出版社。

13. Heidegger, M.（1996），《存在與時間》（陳嘉映、王慶節譯）。台北市：唐山出版社。

14. Bunson, M. E.（1998），《教宗的智慧》（中國主教團秘書處譯）。台北市：立緒出版社。

15. Heidegger, M.（1998），《路標》（孫周興譯）。台北市：時報文化出版社。

16. 黃俊傑（1999），《大學通識教育的理念與實踐》。台北市：中華民國通識教育學會。

17. 陳松柏（2000），〈「性起」說之義理研究〉。南開學報第五期。

18. 印順（2004），《印度佛教思想史》。台北市：中華書局。

19. 曾慶豹等編（2005），《全人教育面面觀》。台北市：心理出版社。

20. 黃俊傑（2008），《全球化時代大學通識教育的新挑戰》。台北市：中華民國通識教育學會。

21. 南方朔（2009），〈替別人的生命種下幸福〉。天下雜誌第 435 期。

22. 陳德光（2010），《生命教育與全人教育》。台北市：幼獅文化出版社。

23. Harvard committee 編（2010），《自由社會的通識教育》（謝明珊譯）。台北市：韋伯出版社。

24. 印順（2010），《如來藏之研究》。台北市：正聞出版社。

25. 黃俊儒等編（2011），《把理念帶進教室：通識教師實務錦囊》。高雄市：麗文文化出版社。

26. Heidegger, M.（2011），《熊譯海德格爾》（熊偉譯）。上海市：人民出版社。

27. 林光明、林怡馨編譯（2012），《梵漢大辭典》。台北市：嘉豐出版社。

28. 張祥龍（2012），《海德格－二十世紀最原創的思想家》。台北市：桂冠出版社。

29. 王明珠（2012），《身心靈整合的全人生命》。台北市：新銳文創出版社。

30. 陳松柏、周麗楨（2012），〈憨山之生命倫理見解與通識教育價值〉。第六屆「醫護、婦幼與生命倫理、生活美學學術研討會」。

31. 陳松柏（2013），《《法華通義》之生命觀與教學啓示〉。新生學報第十二期。